介護予防に効く「体力別」運動トレーニング

新版

現場で使える

実践のポイント

特定非営利活動法人日本介護予防協会理事長
豊岡短期大学教授
中村容一 著

メイツ出版

はじめに

多くの方は「筋力訓練（もしくは筋力トレーニング）」と聞くと、「苦しいこと」「つらいこと」という〝苦行〟をおこなうイメージが強いのではないでしょうか。

しかし、ヒトは生きている時点で既に筋肉を動かしており、極端な言い方をしてしまえば、「生きていること」＝「筋力訓練」と捉えることもできるのです。

私ごとですが、15年ほど前、ベッドに数日間滞在し続ける実験、「ベッドレスト」を体験したことがあります。

24時間ベッドの中で生活をする（食事やトイレ等もベッドの中でおこないます）という過酷な実験でした。ほとんど身体を動かすことがありませんので、みるみる筋肉が細くなり、1週間後は歩くことはおろか立つことさえ最初は苦痛を感じるほどでした。

この体験から、ヒトは筋肉になにがしかの負荷をかけておかないと動けなくなるのだ、ということを痛感しました。

介護状態とは、まさにこの「動けなくなる」ことであり、「動けなくなる」前に予防が必要だということです。

とはいえ、これまで筋力訓練をほとんど実践してこなかった方や筋力が衰えてほとんど動けない方にとっては、それこそ大変な〝苦行〟と思われても仕方がありません。

そこで、可能な限り苦痛を伴わない簡単な筋力訓練から導入していただき、少しずつ難易度をあげていただけるような方法を紹介できればと思いました。

介護予防に取り組んでおられる多くの方々への参考になればと思っております。

中村　容一

もくじ

※本書は2020年発行の『介護予防に効く「体力別」運動トレーニング 現場で使える実践のポイント』を「新版」として発行するにあたり、内容の確認と必要な個所の修正を行ったものです。

体力の判定方法と判断基準

本書は、「低体力者」「中体力者」「高体力者」と、体力に応じた適切な運動を紹介しています。まずは、訓練を行う対象者の体力を測定し、体力レベルを把握した上で、適切な訓練を実施してください。

なお、各種目の測定値に該当する体力レベル（低体力、中体力、高体力）の運動から始めていただくことをお勧めします。その運動で負荷が不十分であれば高いレベル、負荷が強いようであれば低いレベルの運動を行うようにしてください。

また、この基準はあくまでも目安であり、必ず計測した数値に該当する運動を行わなければならない、というものではありません。実施者が強い負荷を感じたり、実施するのが難しいと判断した場合は、低いレベルの運動から実施しましょう。あるいは逆に、負荷が弱いと感じるようであれば、高いレベルの運動を実施してみるなど、適宜、レベルを変えても構いません。

体力レベルの測定には、握力計や測定器、測定用紙などを用います。ここでは、それら専門の用具を用いて測定していますが、握力計以外は代用が可能です。必ずしも購入しなければ計測できない、というわけではありません。

■上肢の体力レベルを測定する種目

●握力（kg）　～握る力、ものを掴む力を測る～

測定方法（手順）

1

肩幅に脚を開いた立ち姿勢で、被検者に握力計を軽く握ってもらいます。

2

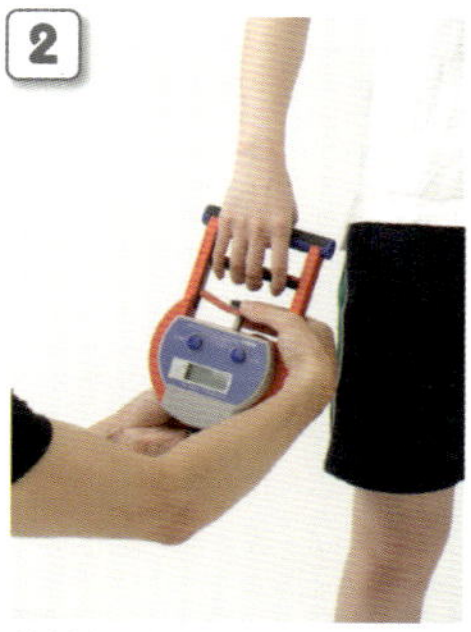

被検者が握りやすい握り幅になるよう、ダイヤルで調節します。

3

腕を下げ体側につけた状態で、被検者に握力計を可能な限り強く握ってもらった後、測定値を記録します。

握力の判断基準

年齢	男性					女性				
	低体力		中体力	高体力		低体力		中体力	高体力	
	低い	やや低い	標準	高い	非常に高い	低い	やや低い	標準	高い	非常に高い
60～64歳	≦24	25～29	30～38	39～43	44≦	≦15	16～20	21～29	30～34	35≦
65～69歳	≦22	23～27	28～36	37～41	42≦	≦13	14～18	19～27	28～32	33≦
70～74歳	≦20	21～25	26～34	35～39	40≦	≦11	12～16	17～25	26～30	31≦
75～79歳	≦18	19～23	24～32	33～37	38≦	≦10	11～14	15～23	24～28	29≦
80歳以上	≦15	16～20	21～29	30～34	35≦	≦8	9～11	12～20	21～25	26≦

■下肢の体力レベルを測定する種目

●連続立上り動作（回 /30 秒）　～太腿の筋肉の持久力（長く動かせるかどうか）を測る～

測定方法（手順）

1

被検者に背もたれのある椅子に浅めに座ってもらい、脚を肩幅程度に広げ、両手を交差して肩に添えてもらいます。

2

合図とともに両脚で椅子から真っ直ぐ立ち上がってもらいます。

3

2で立ち上がったら、すぐに座ってもらい、さらにすぐに立ち上がってもらいます。この動作を 30 秒間繰り返し、立ち上がれた回数を記録します。

連続立上り動作の判断基準

年齢	男性					女性				
	低体力		中体力	高体力		低体力		中体力	高体力	
	低い	やや低い	標準	高い	非常に高い	低い	やや低い	標準	高い	非常に高い
60～64 歳	0～13	14～19	20～25	26～31	32 ≦	0～13	14～18	19～23	24～28	29 ≦
65～69 歳	0～13	14～17	18～21	22～25	26 ≦	0～11	12～16	17～21	22～26	27 ≦
70～74 歳	0～11	12～15	16～20	21～24	25 ≦	0～9	10～14	15～19	20～23	24 ≦
75～79 歳	0～10	11～14	15～17	18～21	22 ≦	0～8	9～12	13～17	18～21	22 ≦
80 歳以上	0～9	10～13	14～16	17～19	20 ≦	0～8	9～12	13～16	17～19	20 ≦

●開眼片足立ち（秒 /30 秒）　～静止した状態で平衡性（バランス機能）を測る～

測定方法（手順）

1

被検者に、両手を腰に当てた状態で立ってもらいます。

2

被検者の利き手側の脚のかかとを、前方へ軽く浮かせてもらい、姿勢を正し、安定したらストップウォッチをスタートさせタイムを計ります。

3

30 秒間、バランスを崩さなければ終了します。

4

30 秒経過する前にバランスを崩した場合は、再度、測定を行います。それでも 30 秒もたない場合は、その時間を記録します。

開眼片足立ちの判断基準

年齢	男性					女性				
	低体力		中体力	高体力		低体力		中体力	高体力	
	低い	やや低い	標準	高い	非常に高い	低い	やや低い	標準	高い	非常に高い
60 歳以上	0	1～5	6～10	11～29	30 ≦	0	1～5	6～10	11～29	30 ≦

※開眼片足立ちについては、年齢による数値の差はありません。

●T & G（Timed Up & Go）（秒）　～座位、立位、移動（歩行）、姿勢変換の遂行能力を測る～

測定方法（手順）

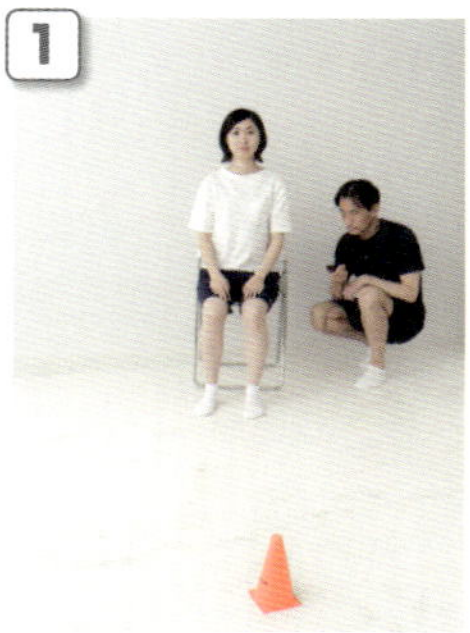

被検者に、椅子に座ってもらいます。

合図とともに椅子から立ち上がってもらい、3メートル前方に置いたマーク（ここではコーン）に向かって歩行で移動してもらいます。合図とともにストップウォッチもスタートしておきます。

コーンを素早く回り、椅子に戻ってきてもらいます。

椅子まで戻り座った時点でストップウォッチを止め、その時間を記録します。

T & G（Timed Up & Go）の判断基準

年齢	男性					女性				
	低体力		中体力	高体力		低体力		中体力	高体力	
	低い	やや低い	標準	高い	非常に高い	低い	やや低い	標準	高い	非常に高い
60～64歳	10.0≦	9.9～9.0	8.9～7.1	7.0～6.1	6.0≧	10.0≦	9.9～9.0	8.9～7.1	7.0～6.1	6.0≧
65～69歳	10.5≦	10.4～9.5	9.4～7.6	7.5～6.6	6.5≧	10.5≦	10.4～9.5	9.4～7.6	7.5～6.6	6.5≧
70～74歳	11.0≦	10.9～10.0	9.9～8.1	8.0～7.1	7.0≧	11.0≦	10.9～10.0	9.9～8.1	8.0～7.1	7.0≧
75～79歳	11.5≦	11.4～10.5	10.4～8.6	8.5～7.6	7.5≧	11.5≦	11.4～10.5	10.4～8.6	8.5～7.6	7.5≧
80歳以上	12.0≦	11.9～11.0	10.9～9.1	9.0～8.1	8.0≧	12.0≦	11.9～11.0	10.9～9.1	9.0～8.1	8.0≧

■体幹の体力レベルを測定する種目

●長座位体前屈（cm）　～体の柔らかさを測る～

測定方法（手順）

被検者に、背筋と両脚を伸ばして床に座ってもらい、測定器を両手で挟むように持ってもらいます。この状態から肘を伸ばした姿勢で数値を「0」にします。

1から膝を曲げず息を吐きながら、測定器を前方に限界まで押してもらいます。

限界まで達したら、被検者には手を離して元に戻ってもらいます。

測定値を記録します。

長座位体前屈の判断基準

年齢	男性					女性				
	低体力		中体力	高体力		低体力		中体力	高体力	
	低い	やや低い	標準	高い	非常に高い	低い	やや低い	標準	高い	非常に高い
60～64歳	≦10	11～20	21～39	40～49	50≦	≦10	11～20	21～39	40～49	50≦
65～69歳	≦7	8～17	18～36	37～46	47≦	≦10	11～20	21～39	40～49	50≦
70～74歳	≦4	5～14	15～33	34～43	44≦	≦10	11～20	21～39	40～49	50≦
75～79歳	≦1	2～11	12～30	31～40	41≦	≦10	11～20	21～39	40～49	50≦
80歳以上	≦0	1～8	9～27	28～37	38≦	≦7	8～17	18～36	37～46	47≦

※測定器がない場合、コの字型の台や段ボールをコの字型にしたものを用いて、移動距離を測定します。

●ファンクショナルリーチ（FR）（cm） ～動きながら平衡性（バランス機能）を測る～

測定方法（手順）

1

被検者を、測定用紙に並行して立たせ、両手を肩の高さまで上げてもらいます。測定用紙がない場合は、両手を肩の高さまで上げたときの中指の位置を、印などをつけて記録しておきます。

2

中指の先をスタート地点（0cm）とし、脚を動かさず両手を前方へ伸ばしてもらいます。

3

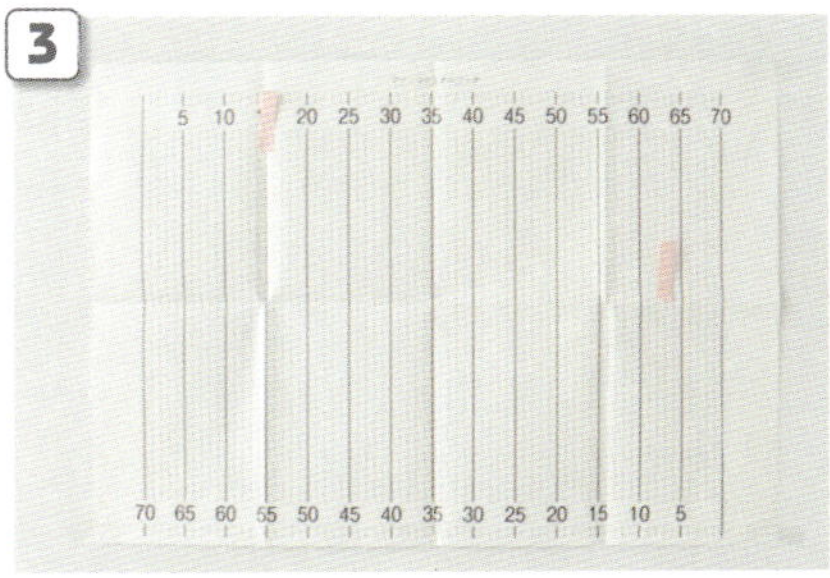

限界まで伸ばしたら、その位置を記録し、被検者に元の位置に戻ってもらったのち、測定値（移動距離）を記録します。

ファンクショナルリーチ（FR）の判断基準

年齢	男性					女性				
	低体力		中体力	高体力		低体力		中体力	高体力	
	低い	やや低い	標準	高い	非常に高い	低い	やや低い	標準	高い	非常に高い
60～64歳	≦20	21～25	26～30	31～35	36≦	≦16	17～21	22～26	27～31	32≦
65～69歳	≦16	17～21	22～26	27～31	32≦	≦15	16～20	21～25	26～30	31≦
70～74歳	≦14	15～19	20～24	25～29	30≦	≦13	14～18	19～23	24～28	29≦
75～79歳	≦8	9～13	14～18	19～23	24≦	≦12	13～17	18～22	23～27	28≦
80歳以上	≦7	8～12	13～17	18～22	23≦	≦6	7～11	12～16	17～21	22≦

※測定用紙を用いた測定では、本来、手順1で中指の位置が0を指すよう、被検者の立ち位置を調整します。しかし、立ち位置を微調整するよりも、ここで紹介したように印をつけ、移動した距離を計測しても構いません。
なお、測定用紙がない場合も、ここで紹介した方法で移動した距離を計測することが可能です。

体力測定以外での歩行能力による判断基準

体力の判断基準では、器具を用いるなどして、数値として体力レベルを判断しました。しかし、実際には器具などを用いての大掛かりな測定となると、実施するのが困難な場合も考えられます。

そこで、体力測定が難しい場合は、日々の生活から体力レベルを推測してもいいでしょう。体力レベルが如実に現れるのは歩行です。下記を目安に、体力レベルを判断することも可能です。

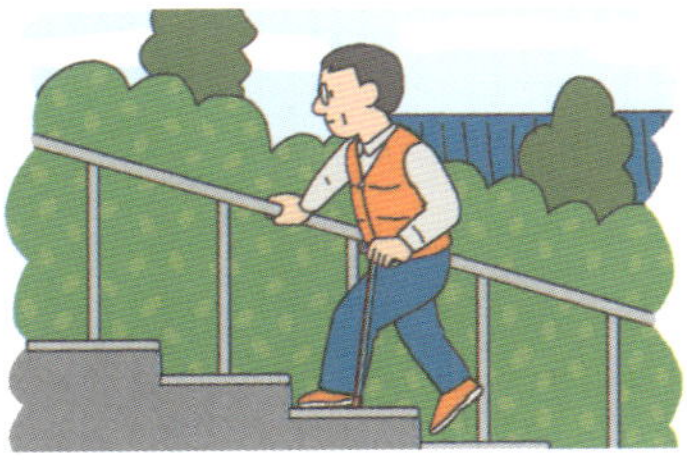

●低体力者の判定

ひとりで歩くのが困難な場合はもちろんですが、ひとりで歩くことが可能であっても、手すりや杖などを使う必要がある。

●中体力者の判定

杖などを用いず、ひとりで30分程度、継続して歩くことが可能。また、ひとりで階段の昇り降りをすることができる。

●高体力者の判定

ひとりで1時間以上、継続して歩き続けられる。

運動の実施回数（時間）について

本書では、一部の運動を除き、運動の実施回数（時間）について、明確な数値を記載していません。

これは、たとえば『10回（あるいは1分など）を目標に行ってください』と記載したとしても、その回数を簡単に行えて物足りないと感じてしまう実施者もいれば、逆に非常に辛く感じてしまう、あるいは達成できない実施者もいるからです。また、同じ実施者でも、その日の体調によって楽に感じたり、辛く感じることもあるでしょう。

非常に辛く感じてしまったり、提示された目標を達成できなかったりすると、運動そのものに取り組む姿勢が消極的になってしまう可能性もあります。

そのため、健康づくりや介護予防において勧められている運動強度は、回数や時間ではなく、「ややきつい」という運動の実施者の主観、感覚を重視しています。

ただし、単に「ややきつい」を目安と言っても、どの程度が自分にとっての「ややきつい」なのか、なかなか理解できない実施者もいるはずです。

そこで、下記の表に基づいた自分なりの「ややきつい」のレベルを知ってもらう必要があります。

この表は、実施者が運動中に感じる「きつさ」を数字と言葉で表したものです。

慣れるまでは、この表を見せながら、「かなり楽」「まだ楽」「少しきつくなってきた」といった感覚を意識して運動を行ってもらい、「13　ややきつい」を中心とした12から14までがどれくらいの強度なのかを自覚してもらうといいでしょう。

さらに、「15　きつい」と感じるのが、どれくらいの強度なのか一度体験してもらい、そこまで実施する必要はない旨を伝えておくと、より安心です。

この表を利用すれば、強度（負荷）を調整し、たとえば『10回行うと「ややきつい」と感じる』といった設定にすることもできるので、調整しやすい強度指標と言えるでしょう。ただし、強度の調整に慣れる必要があったり、実施者によって設定を変更する必要が生じます。

主観的運動強度（RPE）表

20	限界
19	非常にきつい
18	
17	かなりきつい
16	
15	きつい
14	
13	ややきつい
12	
11	楽である
10	
9	かなり楽である
8	
7	非常に楽である
6	安静

低体力者

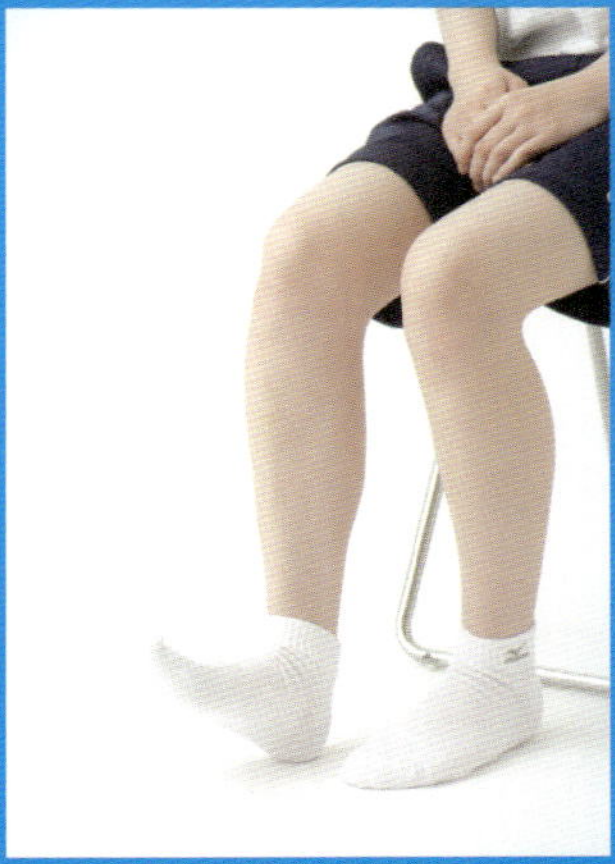

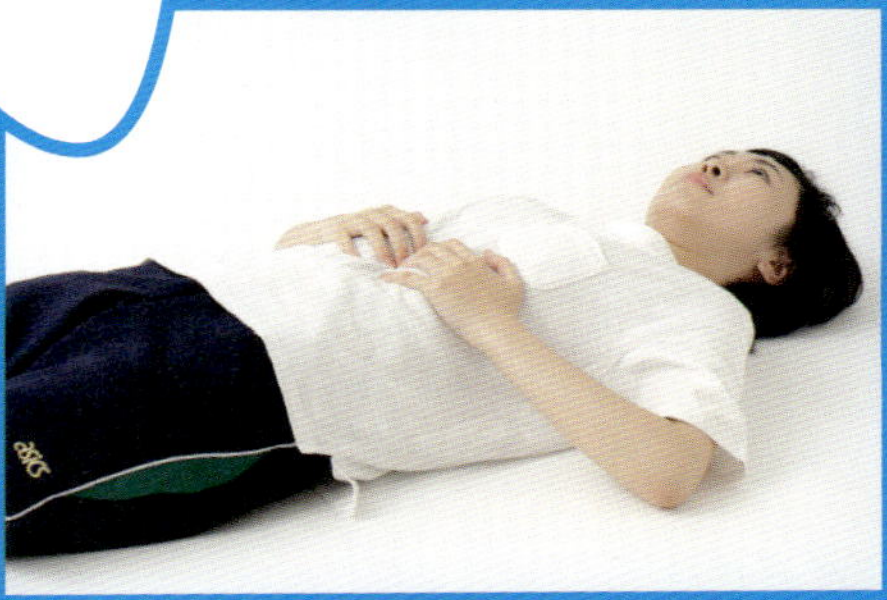

足指ジャンケン

足首の引き寄せ，引き伸ばし運動

脚の挙上

かかとの床押し付け

膝を曲げてお尻の挙上

指の連続握り

力こぶをつくる

壁押し

肩甲骨回し

手のひら同士の押し合い

両手でお腹押し

椅子の背もたれ押し

タオル引き

足指ジャンケン

床を指でしっかり捉え、立ち姿勢を安定させ歩行をスムーズにする

1 **裸足でかかとを床に着けて椅子に座る**

実施者を裸足にし、椅子に座らせます。両脚は閉じていても自然に開いた状態でも構いません。つま先を浮かせ、かかとを床に着けておくとトレーニングしやすくなります。

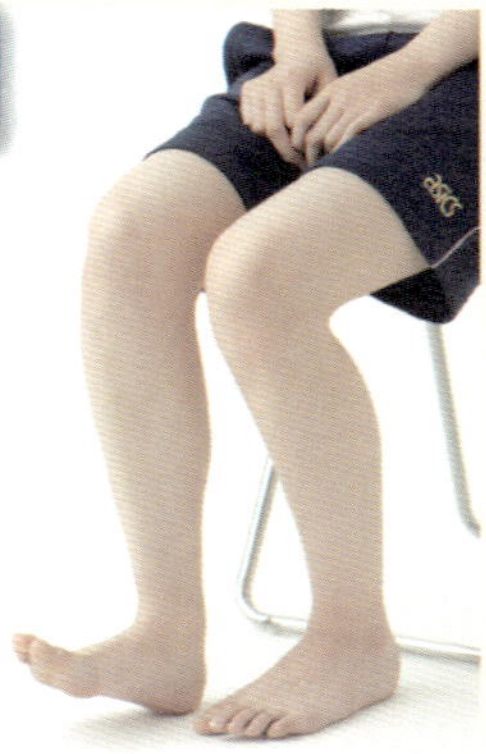

2 **五指でグーを作る**

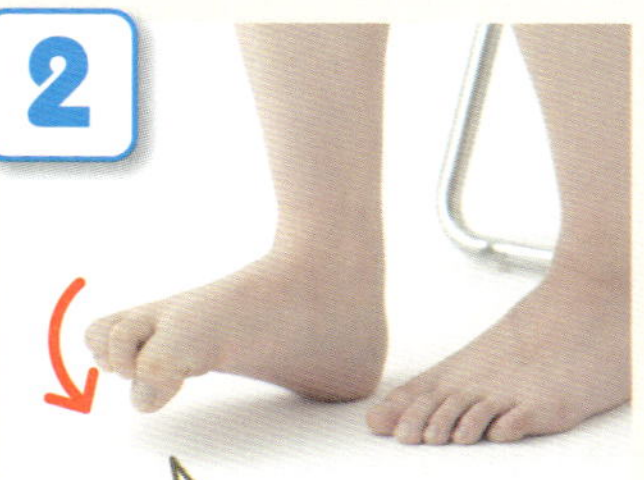

片足（ここでは右足）の五指すべてを曲げ、グーの状態にします。形だけでなく、握りしめるようなイメージで、強く五指を曲げることを意識させましょう。

声かけ例
ギュッと握りしめてみましょう

注意 **大きく動かさない**

足指を最初から大きく強く動かそうとすると、慣れていないため足がつってしまう可能性があります。

慣れるまでは大きく動かさず、小さく行うよう指導しましょう。

短趾伸筋が衰えると、立ったときに足指でしっかりと床を捉えることができなくなります。指を使わずに足裏だけで立つことになるため、立ち姿勢が安定せず、歩行もスムーズに行えなくなります。

足指は、普段あまり意識して動かすことがないため、筋肉も衰えがちになります。低体力者であれば、その傾向はさらに顕著になります。

足指を閉じたり開いたりする運動を行い、短趾伸筋をトレーニングします。

訓練部位

短趾伸筋

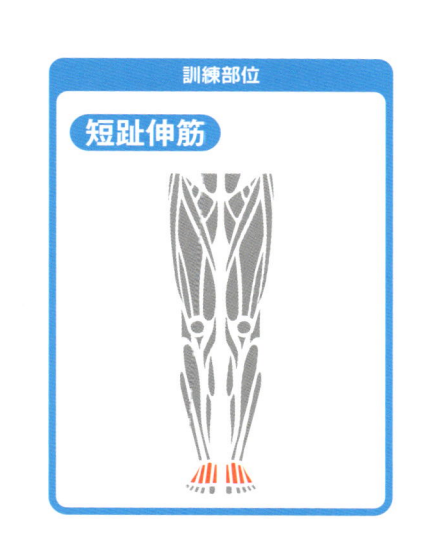

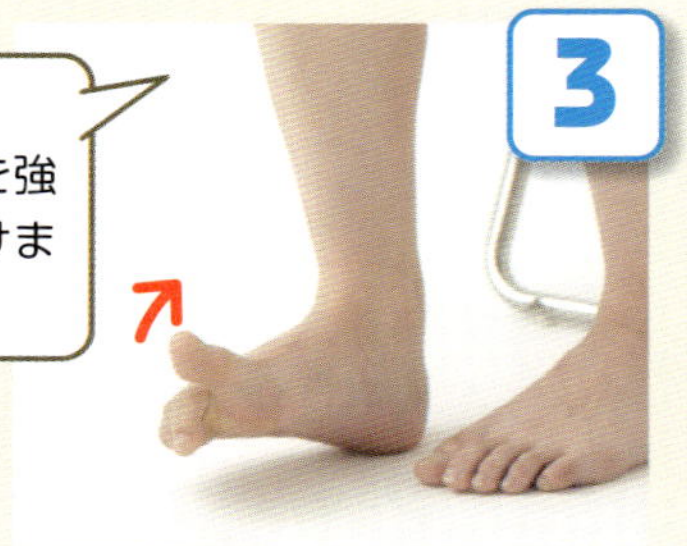

声かけ例
親指だけを強く引き付けましょう

五指でチョキを作る

1の状態に戻り、次は親指のみを上に引き付けます。親指以外の指は動かさないようにしてV字を作りますが、曲げた方がやりやすければ、グーのときのように他の四指を曲げても構いません。

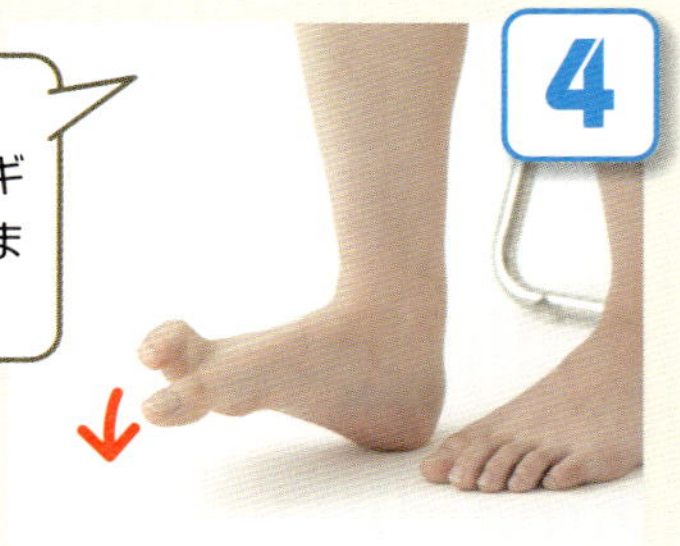

声かけ例
親指だけをギュッと曲げます

逆パターンのチョキを作る

1の状態に戻り、次は3とは逆に、親指のみを曲げてV字を作ります。このとき、親指は形だけでなく、強く握りしめるようなイメージで曲げることを意識させましょう。

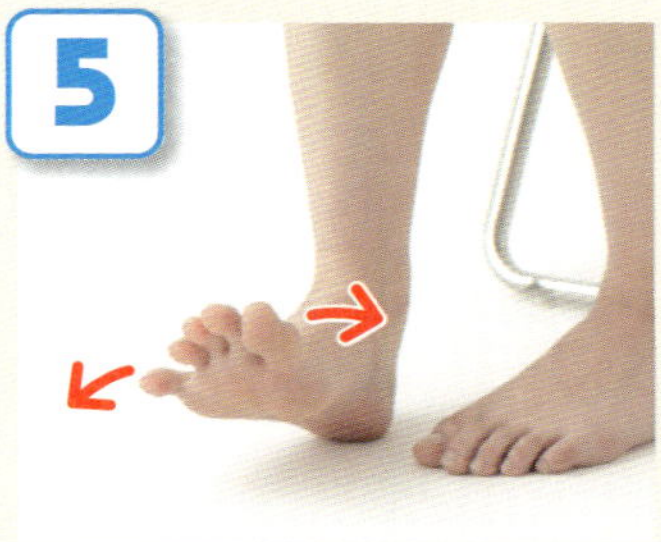

五指でパーを作る

1の状態に戻り、五指すべてを開いて離します。慣れないと五指すべてを離すのは難しいかもしれませんので、最初はすべてが離れていなくても構いません。徐々に慣れさせてあげてください。2から5を、ややきついと感じるまで繰り返し行います。

足を替え2から5を繰り返す

足を替えて2から5までの運動を繰り返し行います。

応用例

湯船に浸かりながら

この運動は、入浴の際、湯船に浸かって足指をほぐした状態で行うと、より効果的です。実施者には、自主的に行うよう伝えてください。

ポイント！ 最初は小さな動きからはじめてもよい

普段、あまり意識して動かすことのない筋肉なので、最初は指を動かすことそのものが難しいと感じるかもしれません。

最初から動きを大きく力強くする必要はなく、無理のない範囲で、小さな動きからはじめてください。慣れてくるに従い、徐々に動きを大きく力強くしていきましょう。

ただし、単に指を動かすだけでは、効果的な運動とはなりません。可能な範囲で力強く行うことを心がけるよう指導します。

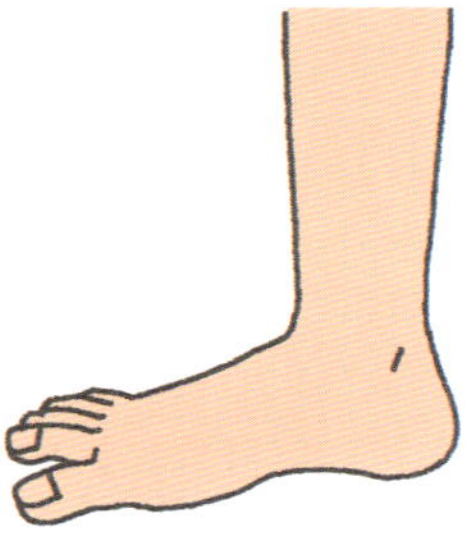
最初は小さな動きから
はじめてみる

足首の引き寄せ、引き伸ばし運動

歩行に必要な足の着地と蹴り出す力を鍛え、転倒を予防し歩行をスムーズにする

下腿三頭筋と前脛骨筋は、主に歩行時における足の着地と蹴り出しで使用しています。これらの筋力が低下すると、次第に歩行がスムーズにできなくなるだけでなく、転倒の危険性も高まります。さらに低下が進行すると、歩行困難になる可能性も考えられます。

歩行能力の改善や転倒を予防するには、これらの筋肉を鍛えておくことが重要です。椅子に座った状態でつま先を引き付けたり、つま先を床に押し付けながらかかとを引き上げる運動を行いましょう。

訓練部位

下腿三頭筋
（腓腹筋・ヒラメ筋）

前脛骨筋

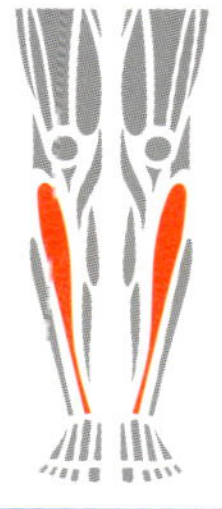

1

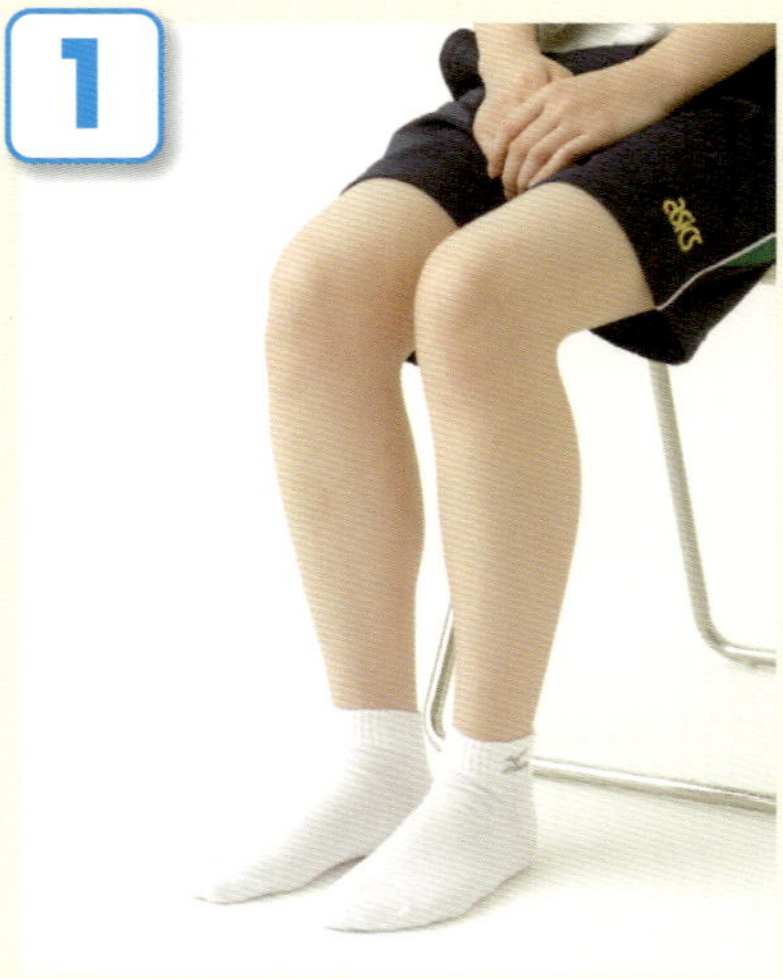

足裏を床に着けて椅子に座る

膝を直角に曲げた状態で、足裏が床に着く高さの椅子に実施者を座らせます。このとき、足を軽く開き、足裏全体を床に着けておきます。

ポイント！ 足首の上げ下げ運動ではない

この運動は、足首の可動域を広げることが目的ではありません。つま先を上下させる運動に見えますが、あくまでもつま先を引き付ける、引き伸ばすことが目的であり、訓練部位にしっかりと負荷がかかっていることを確認しながら運動してもらうことが重要です。

2

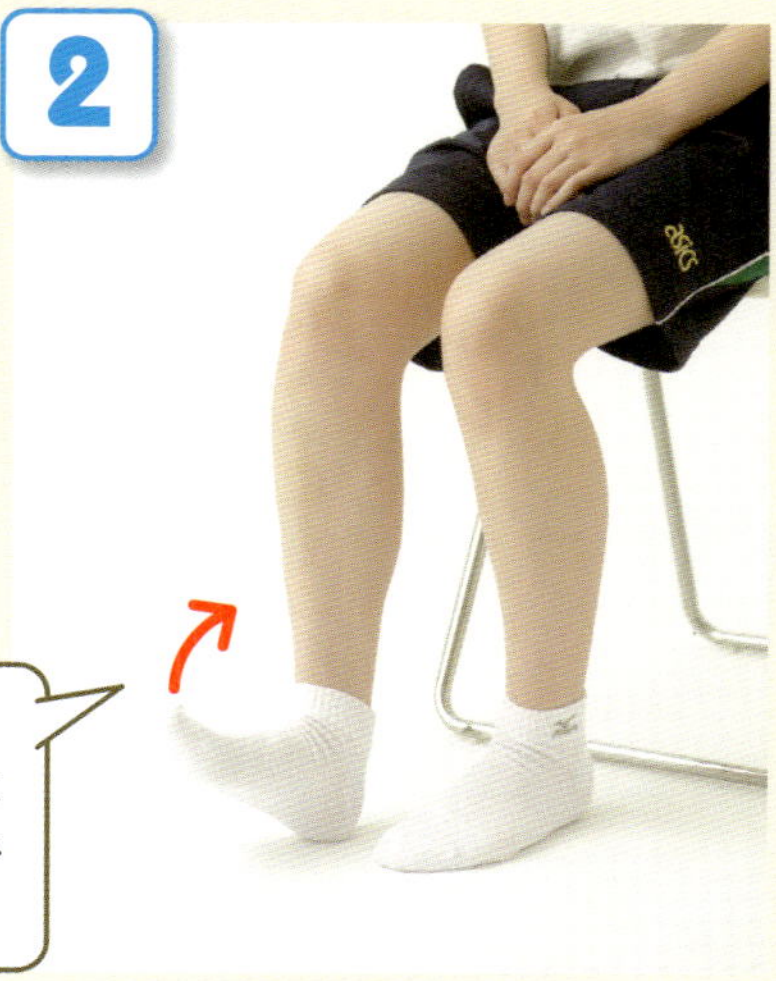
声かけ例
親指をもっと
引き付けてみ
ましょう

つま先を上に引き寄せる

かかとは床に着けたまま、つま先を上に引き寄せていきます。このとき、可能な範囲で強く引き寄せ、前脛骨筋に力が入っていることを意識させましょう。

3

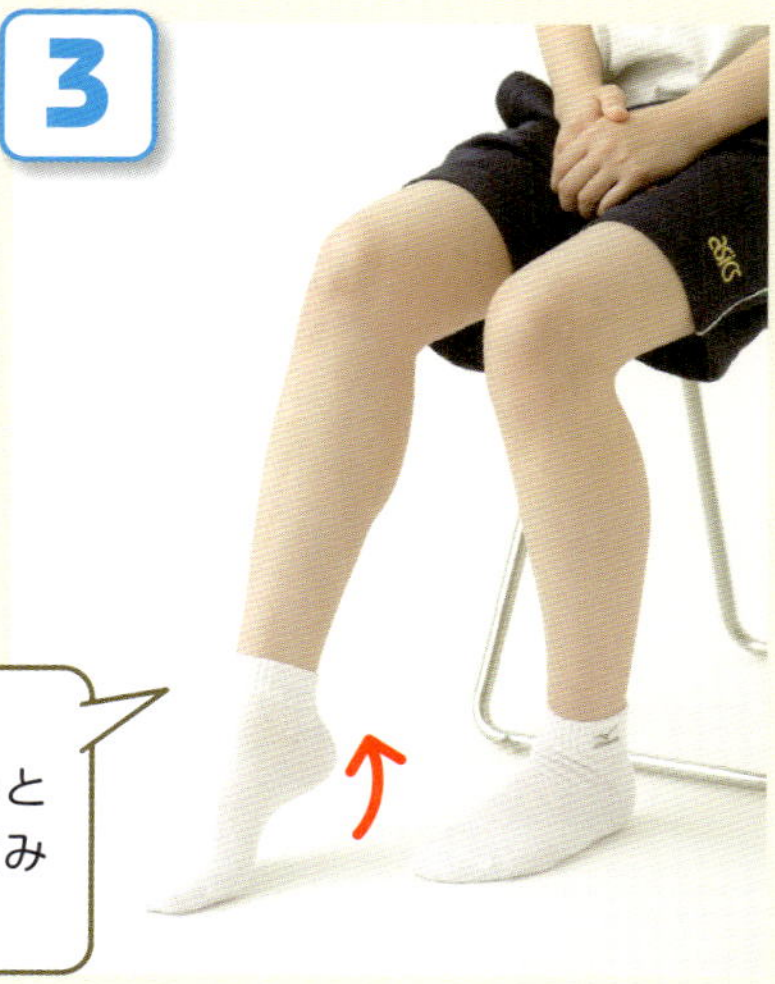
声かけ例
親指でもっと
床を押してみ
ましょう

かかとを上に引き寄せる

ゆっくり1の状態に戻り、つま先を床に着けたまま、かかとを上に引き寄せていきます。このときも、可能な範囲で強く引き寄せ、腓腹筋に力が入っていることを意識させましょう。2と3を、ややきついと感じるまで繰り返し行います。

4

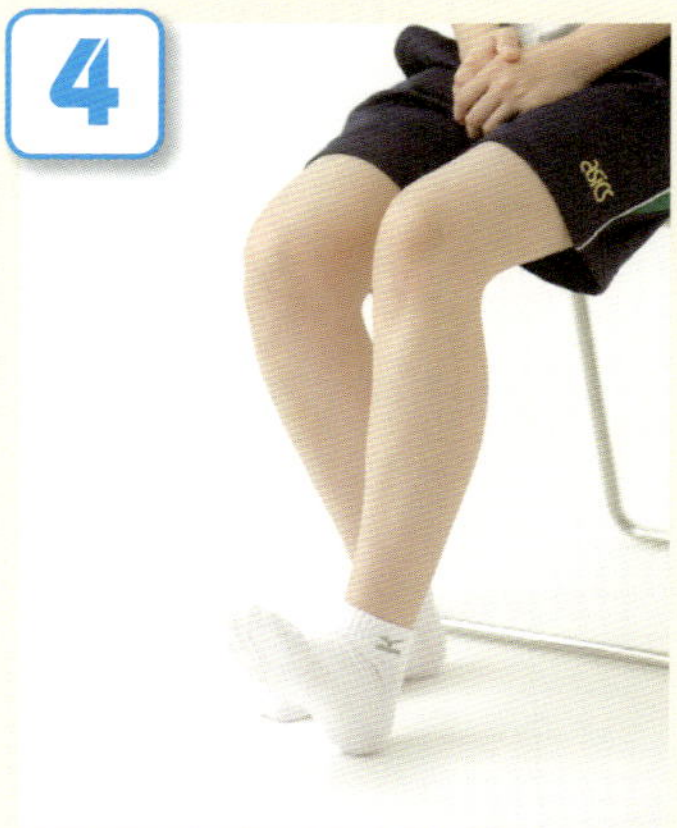

足を替え2から3を繰り返す

足を替えて2から3までの運動を繰り返し行います。

注意 膝の角度に注意

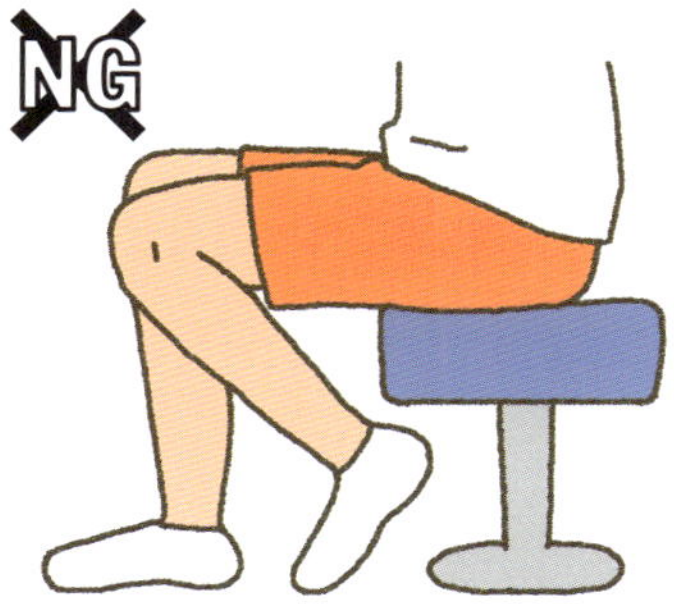

座面の低い椅子や、逆に高い椅子を使用すると、座ったとき膝が直角になりません。この状態で運動を行っても引き寄せと引き伸ばしが十分に行えず、効果的な運動とはならなくなってしまいます。

高さが合わない場合は、座面に座布団等を敷いたり、足の下にマット等を敷くなどして、可能な限り膝の角度が直角になるよう調節して行ってください。

脚の挙上

脚を引き上げる筋肉を鍛え、歩幅の減少を抑えて歩行能力を改善し、転倒を予防する

1

両脚をまっすぐに伸ばして仰向けに寝る

仰向けに寝ます。このとき両脚は広げずに、まっすぐに伸ばしておきます。

注意　必ず片足ずつ行う

この運動では、両脚を同時に上げないよう注意しましょう。両脚同時に上げてしまうと、腰に負担がかかります。

腰痛などをお持ちの方は、脚を上げる際、もう片方の脚の膝を曲げ、膝を立てた状態で行うと、腰への負担を減らすことができます。

訓練部位

大腿四頭筋

大腿四頭筋は、太ももの前面にある筋肉で、脚を上げたり膝を伸ばす動きで使用しています。この筋肉が衰えると、脚を上げたり膝を伸ばす動作が行いにくくなるため、歩幅が減少したり、つまずいて転倒しやすくなるなどの症状が現れてきます。また、椅子から立ち上がる動きなども行いにくくなります。

特に低体力者に対して大腿四頭筋を鍛える際は、臥位（寝）姿勢で簡単に行える運動から行いましょう。仰向けに寝た状態で、脚の付け根から足全体を持ち上げる運動です。

2 片脚を脚の付け根から上げる

片脚は動かさず、もう一方の脚（ここでは右脚）を脚の付け根から上げていきます。このとき膝は曲げず、脚をまっすぐに伸ばしたまま上げます。

声かけ例
膝を曲げないで上げていきましょう

3 負荷がかかるまで上げていく

脚は高く上げる必要はありません。およそ30°から45°の範囲で、太ももの前面に負荷がかかっていると分かるところまで上げていきます。

声かけ例
太ももの前に力が入っているのを意識しましょう

4 2から3を繰り返す

3の状態を保つ必要はありません。ゆっくり1の状態に戻り、2と3の運動を左右交互に行います。

声かけ例
ゆっくり戻って反対の脚を上げましょう

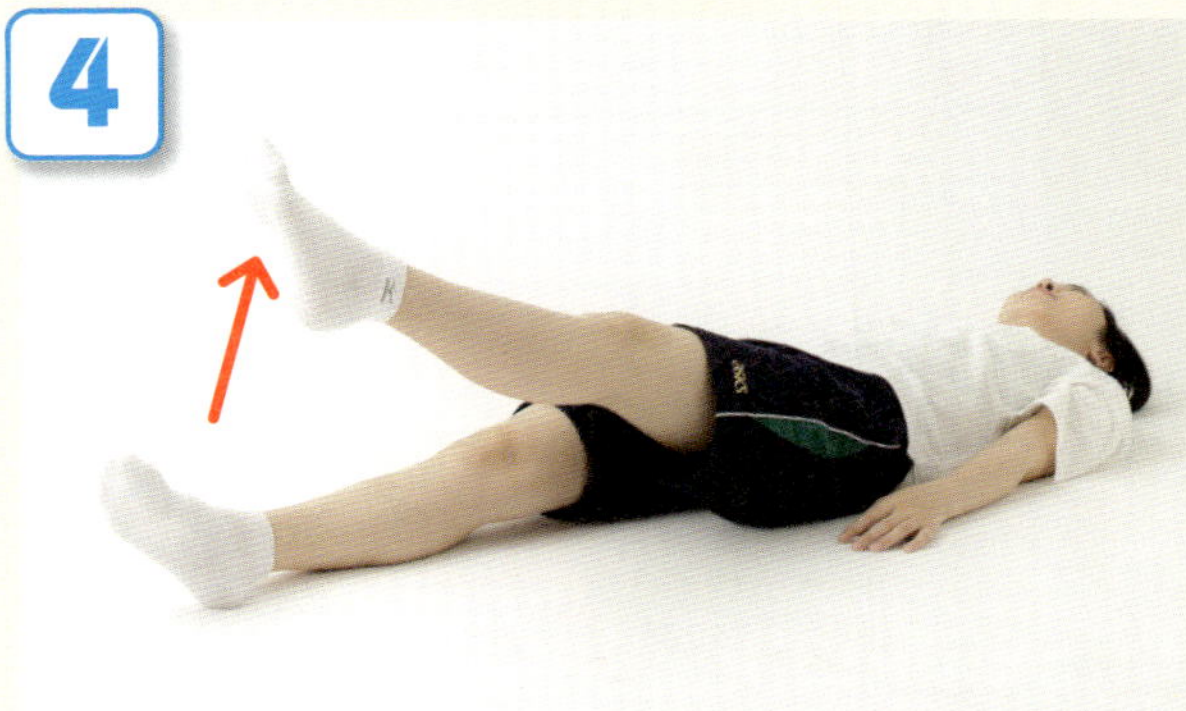

ポイント！ 膝を曲げると十分な負荷が得られない

この運動は、膝が曲がってしまうと、脚の付け根から太ももを上げるだけになってしまい、大腿四頭筋に十分な負荷がかからなくなってしまいます。

必ず膝を伸ばして、太ももの前面への負荷を実感してもらいながら行いましょう。

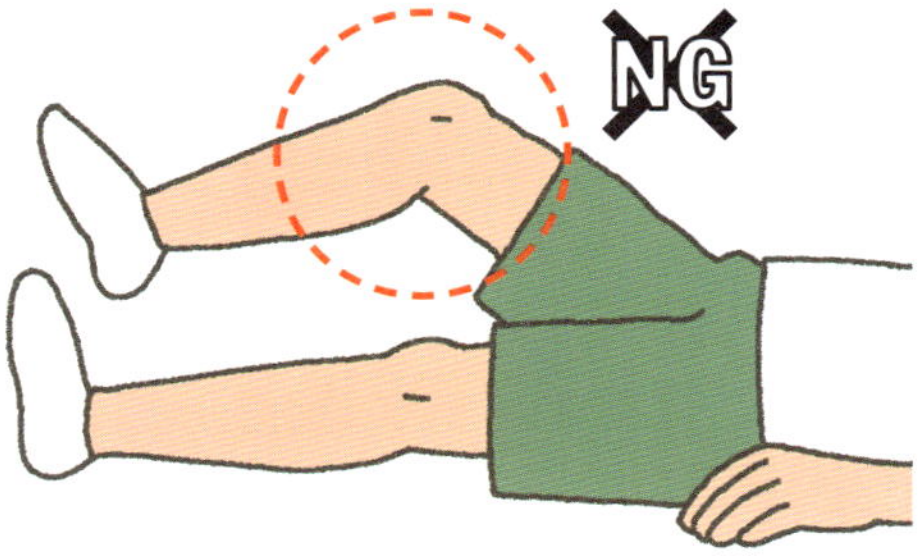

かかとの床押し付け

脚や股関節を曲げ伸ばす筋肉を鍛え、立ち姿勢の安定や歩行能力を改善させる

大腿二頭筋は、太ももの裏側に位置している筋肉で、膝や股関節の曲げ伸ばしで使用しています。

この筋肉が衰えると、立つ姿勢が安定しない、歩くときのつま先の蹴り出しがうまくいかないなど、日常の動作にも支障をきたす可能性が高くなります。

大腿二頭筋を鍛えるにあたっては、寝姿勢で簡単に行える運動から行いましょう。仰向けに寝た状態で、かかとを床に押し付ける運動です。

訓練部位

大腿二頭筋

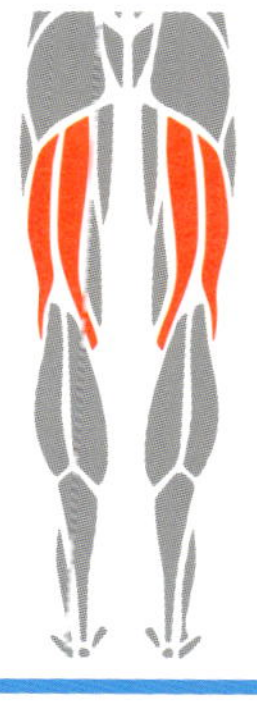

1

両脚をまっすぐに伸ばして仰向けに寝る

仰向けに寝ます。このとき両脚は広げずに、まっすぐに伸ばしておきます。

ポイント！ 脚が一直線になるように行う

この運動では、かかとからお尻まで、脚全体が一直線になるようなイメージを持って行うことが重要です。

2 片脚のかかとを床に押し付ける

片脚は動かさず、もう一方の脚（ここでは右脚）のかかとを床に強く押し付けます。

声かけ例
かかとを床に強く押し付けましょう

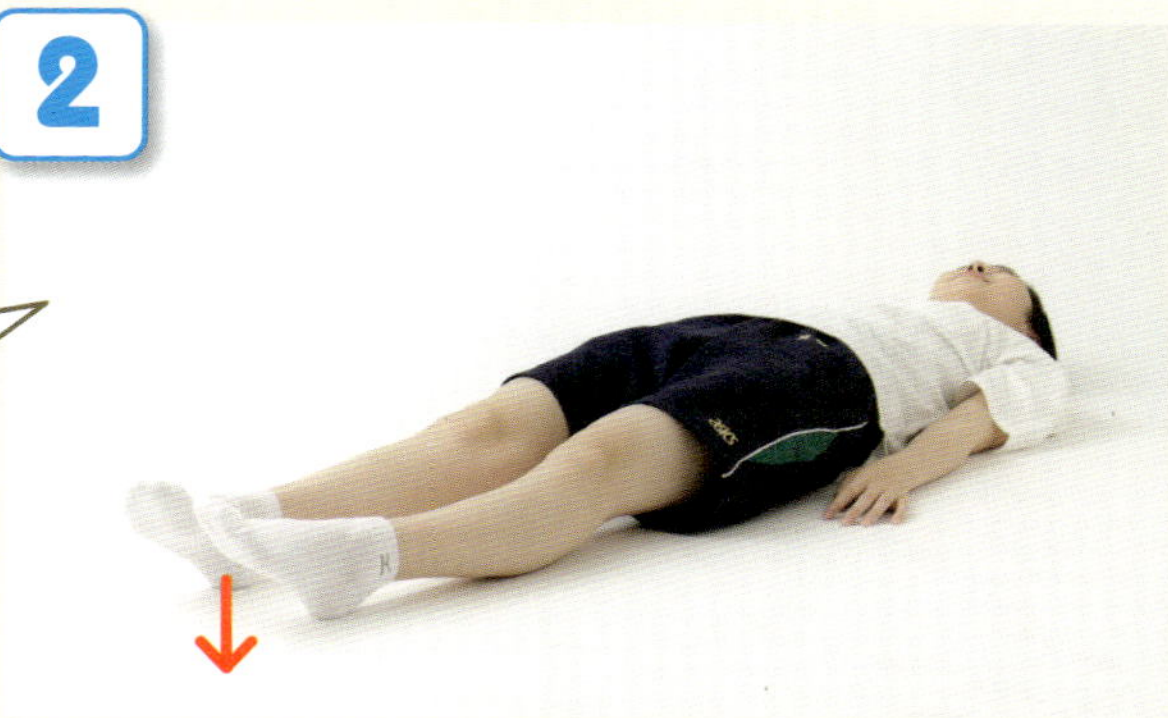

3 5秒程度押し付け続ける

2の状態を5秒程度継続します。5秒は目安ですが、継続できない場合は、無理に継続させる必要はありません。慣れるにしたがって、徐々に時間を延ばしていきます。

声かけ例
5秒間、頑張ってみましょう

4 1から3を繰り返す

力を抜いて1の状態に戻ったら、2と3の運動を左右交互に行います。

声かけ例
反対の脚も同じように床に押し付けましょう

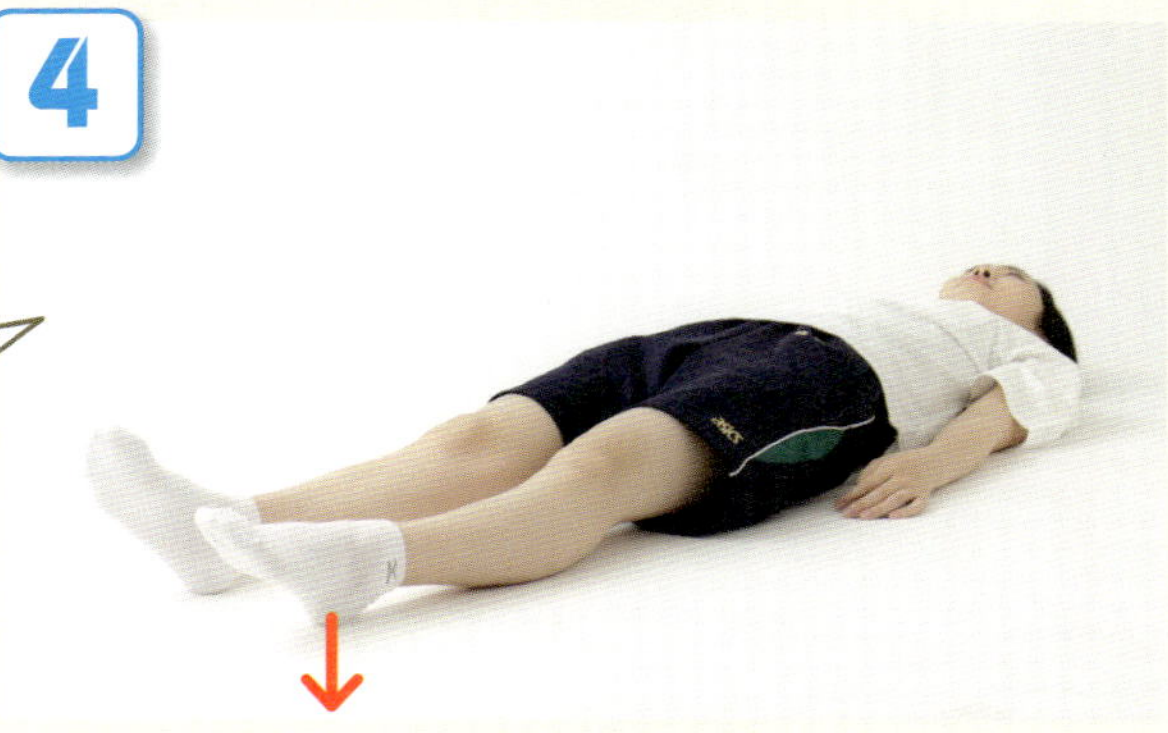

注意 意識は大腿二頭筋に

この運動では、かかとを強く床に押し付けることばかりに意識が行ってしまうと、膝が曲がってしまい、大腿二頭筋に十分な負荷がかかりません。

脚は必ず伸ばして一直線にし、太ももの裏側を意識させ、力が入るような押し付け方をするように指導しましょう。

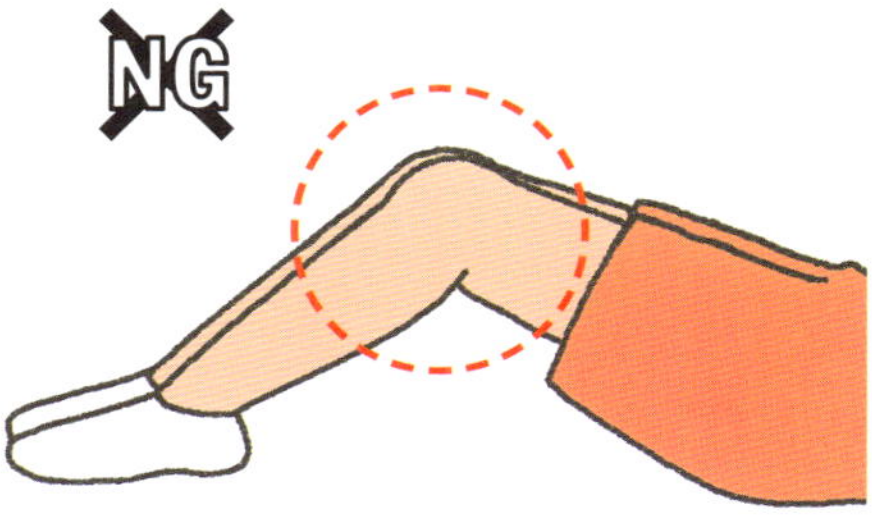

膝を曲げてお尻の挙上

太ももと連動するお尻の筋肉を鍛え、歩行能力の改善と立ち姿勢の安定を図る

訓練部位

大臀筋

腹直筋

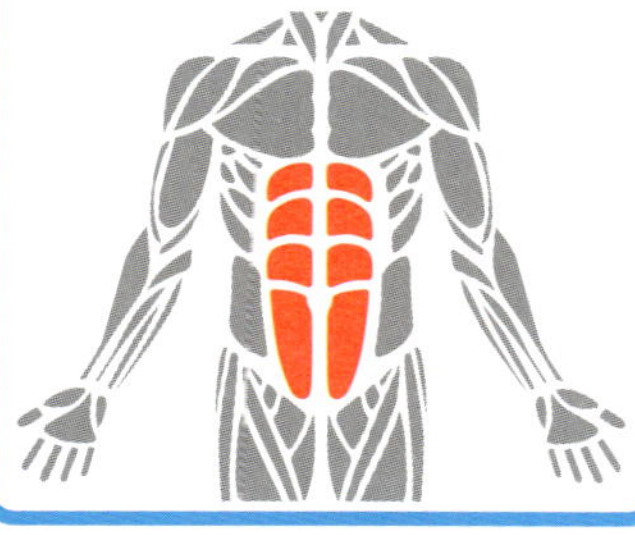

大臀筋はお尻にある筋肉で、大腿二頭筋と連動して脚を上げたり股関節を動かす際に使用されています。大臀筋が衰えてくると、歩く際に大きく脚を上げられなくなるため、歩幅が減少します。また、立った状態で上半身を支える力が弱くなるため、立ち姿勢が不安定になることもあります。この運動では、体幹である腹直筋も同時に鍛えることができます。

　仰向けに寝た状態からお尻を浮かせる運動を行い、大臀筋を鍛える運動を行いましょう。

1

仰向けに寝て両膝を立てる

仰向けに寝ます。このとき両脚はやや開き気味にし、膝を直角に曲げて立膝の状態にしておきます。同時に、両腕は伸ばした状態で、手のひらを床に当てておきます。

2

お尻を床から離して浮かせる

1の状態からお尻を床から離し、浮かせていきます。両腕はしっかりと手のひらを床に当て、状態を安定させておきます。

声かけ例
お尻を浮かせてみましょう

ポイント! 上げたとき、お尻を締める

単に腰を浮かせた状態にするのではなく、10秒間状態を保持する際には、お尻を締めるように行うとさらに効果的です。

お腹にも力が入るため、腹直筋に対する効果も期待できます。

3 10秒程度浮かし続ける

②の状態を10秒程度継続します。この10秒はあくまでも目安なので、継続できない場合は、無理に継続させる必要はありません。慣れるにしたがって、徐々に時間を延ばしていきます。

声かけ例
10秒間、頑張ってみましょう

4 ①から③を繰り返す

ゆっくりと①の状態に戻ったら、②から③までの運動を繰り返し行います。可能なら3セットを目標に行います。

声かけ例
もう一度お尻を浮かせてみましょう

注意 腕の力で上げようとしない

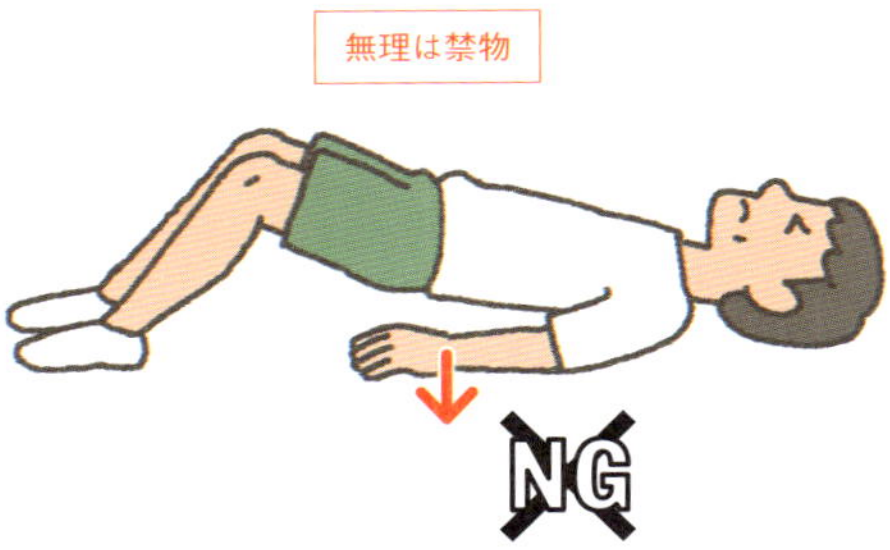

この運動では、手を床に着いて行うことから、お尻を浮かせる際、無意識に腕の力を使って上げてしまうことがあります。腕は身体を支える程度に留めてもらうようにしましょう。

また、腰痛をお持ちの方が実施する際は、無理しないよう注意してあげてください。

指の連続握り

ジャンケンのグーとパーを連続で行い、ものを持ったり握ったりする筋肉を鍛える

1

椅子に座り肘を曲げて手を胸の前に構える

椅子に座って写真のように肘を曲げ、手を胸の前に構えます。

2

グーとパーを連続して行う

1の状態からジャンケンのグーとパーを連続して行っていきます。

声かけ例
メリハリをつけてグーとパーを行いましょう

腕橈骨筋は前腕の親指側にある筋肉で、腕の力の中でも、重いものを持ち上げたり引き付けたりする運動ではなく、ものを持ったり握ったりする際に使用する筋肉です。そのため、この筋肉が衰えると、ものを持つ、握る、運ぶといったことが困難になってきます。

そこで、ジャンケンのグーとパーを連続して行う運動を行います。ここでは椅子に座り肘を曲げて行っていますが、負荷に影響しないので、立って行うなど、実施者のやりやすいと思う体勢で行って構いません。

訓練部位

腕橈骨筋

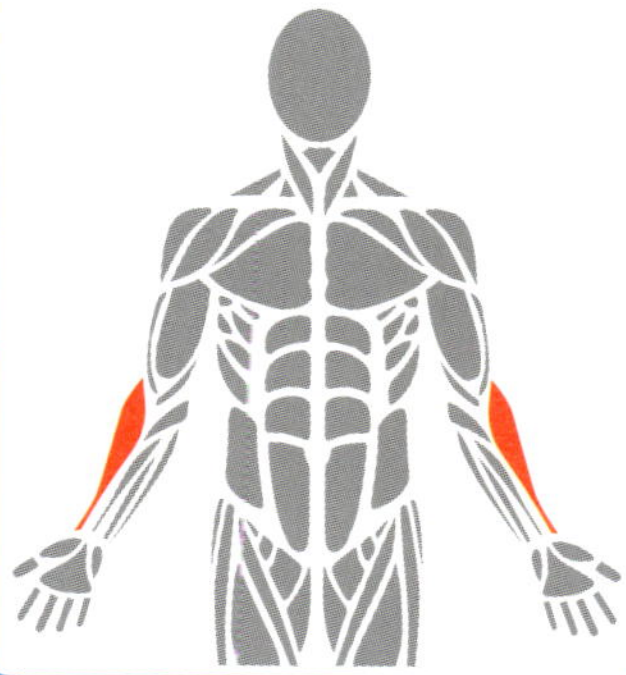

椅子に座って（手のひら上）

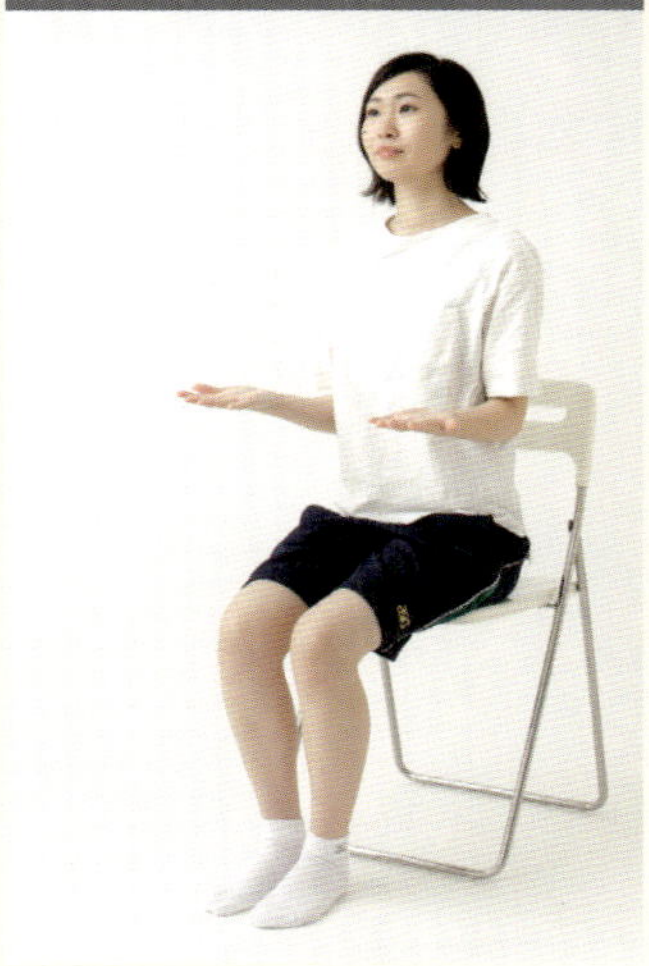

応用例

その他の体勢

この訓練では、しっかりグーとパーの運動ができていれば、腕の形や位置、向きなどは、あまり負荷に影響しません。そのため、さまざまな体勢でも気軽に取り組める運動と言えるでしょう。そこで、ここではこの運動が行える、日常で考えられる体勢の例を、いくつか紹介していきます。

立った状態で腕を伸ばして

寝た状態で

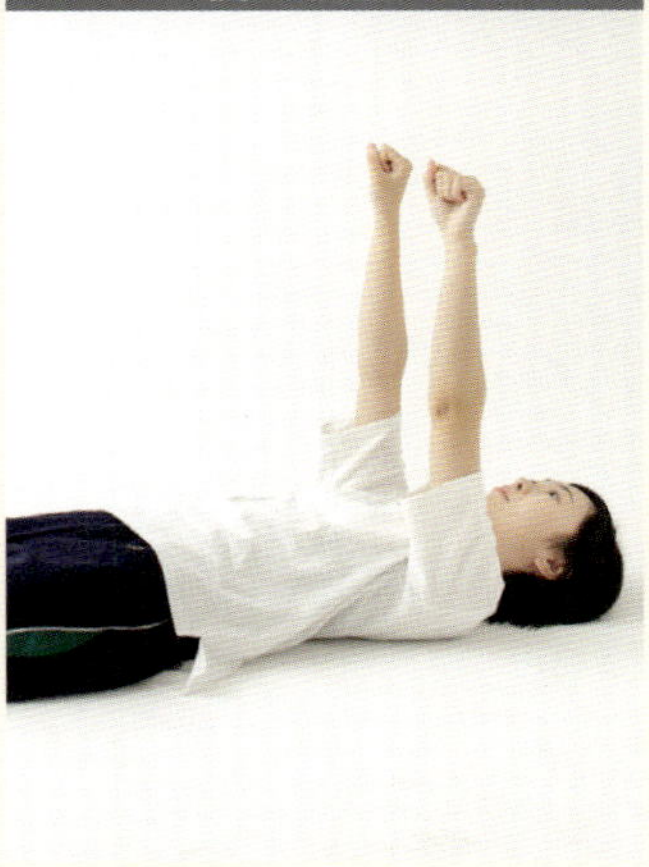

ポイント！ メリハリをしっかりと

この運動は、握る・開くを速く行うことではありません。しっかり握る・しっかり伸ばす（広げる）を意識して、ひとつひとつの運動を丁寧に実施するよう指導しましょう。

注意 握りが浅くならないように

指導のポイントでも触れたとおり、この運動では握る・開くをしっかり確実に行うことが重要です。握りが浅くなってしまったり、指がしっかり伸ばせていないと、十分な効果が得られません。

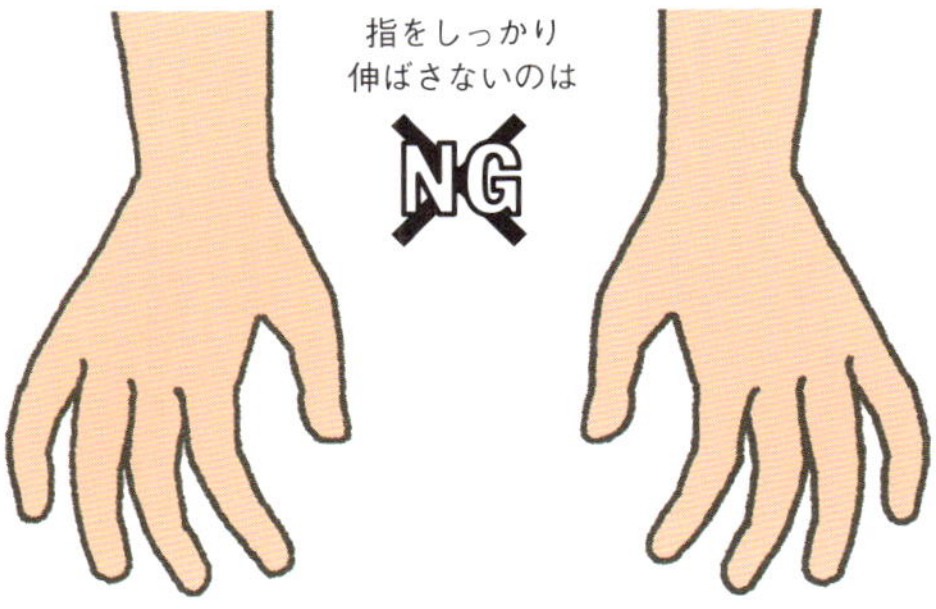

力こぶをつくる

力こぶを作るポーズを行い、ものを持ったり運んだりする筋力を鍛える

1

椅子に座り肘を曲げて開き、脇を開ける

椅子に座って写真のように肘を曲げて開き、脇を開けて構えます。

ポイント！ 力こぶをしっかり意識する

この運動は、単に肘を曲げるだけの運動ではありません。上腕二頭筋を収縮させて力こぶを作り、その作った力こぶをしっかりと意識して行うことが重要です。

上腕二頭筋は、いわゆる『力こぶ』と呼ばれる隆起を形成する筋肉で、肘関節や肩関節の曲げ伸ばしに使用されています。日常生活の中では、ものを持ったり持ち上げたり、あるいはものを運んだりする際に使用しています。そのため、この筋力が衰えると、ものを持ったり運んだりすることが困難になることが予想されます。

そこで、特に低体力者においては、力こぶを作るポーズを行って負荷をかける、簡単な運動からはじめて、この筋肉を鍛えていきます。

訓練部位

上腕二頭筋

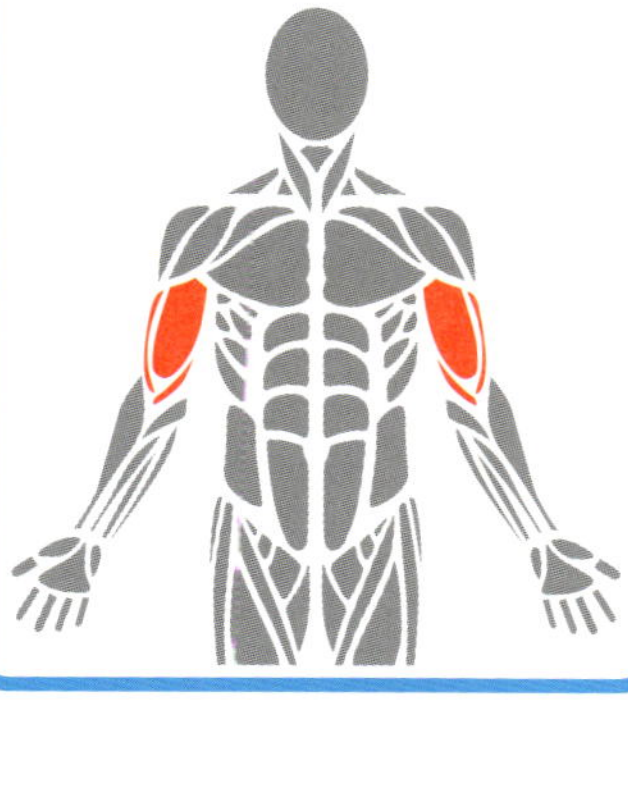

2

手を肩に寄せて行き、力こぶを作る

[1]の状態から力を入れて肘を曲げ、手を肩に寄せていきます。このとき、力こぶができるところを、しっかりと意識します。

声かけ例
力こぶに力が入っていますか？

3

声かけ例
きついと感じるまで頑張ってみましょう

[1]と[2]を繰り返す

力を抜いて[1]の状態に戻ったら、[2]の運動を繰り返し行います。ややきついと感じるようになるまで、繰り返し行います。

応用例

片腕ずつ行う

ここでは両腕同時に行いましたが、慣れないうちは片腕ずつ行っても構いません。また、両腕同時に行うと、上手く力が入れられないような場合も、片腕ずつ行ってみましょう。

注意

肘の位置によっては力が入らない

肘が体の前にあったり、腕が下がって肘が低い位置にあると、思うように力こぶが作れず、効果的な運動とは言えません。必ず肘は体の外側に開き、脇を開けて行うよう指導しましょう。また、力こぶを作ろうとすると、体を後ろに反らす動きをしてしまうことがありますが、効率的ではないので注意してください。

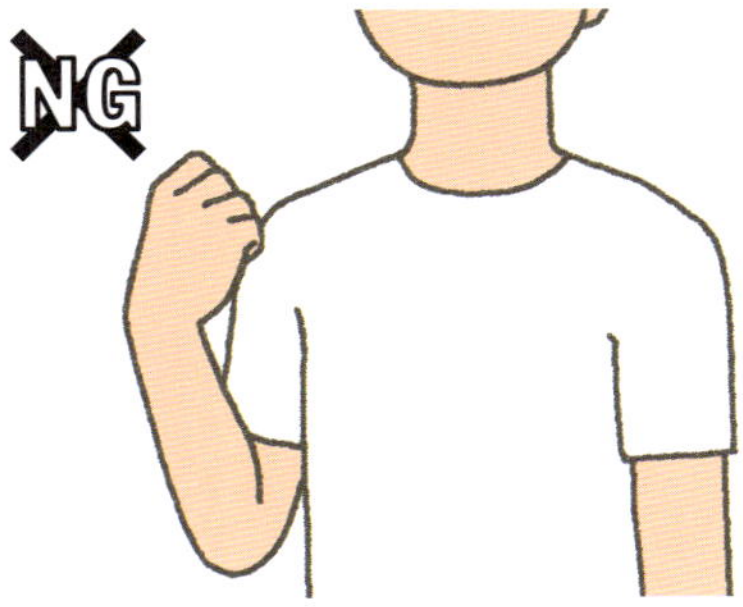

壁押し

上腕の背中側の筋肉を鍛え、ドアを開いたり、ものを引き付ける能力を改善する

脇を締めて壁に手を当てる

壁の前に立ち、脇を締めて壁に手を当てます。両手は肩幅程度に開き、肘は内側に軽く絞って脇を開かないようにしておきます。

立ち位置を調整する

壁に当てた腕を伸ばしたとき、軽く前傾姿勢になる程度まで、立ち位置を調整します。前傾姿勢が深いほど、負荷が大きくなります。

ポイント！ 上腕の背中側を意識して行う

この運動では、脇を締めず肘を外側に開いて行うことも可能ですが、大胸筋などの部位に負荷がかかります。

上腕三頭筋への負荷を意識してもらうため、可能な限り脇を締めて行うよう指導しましょう。

訓練部位

上腕三頭筋

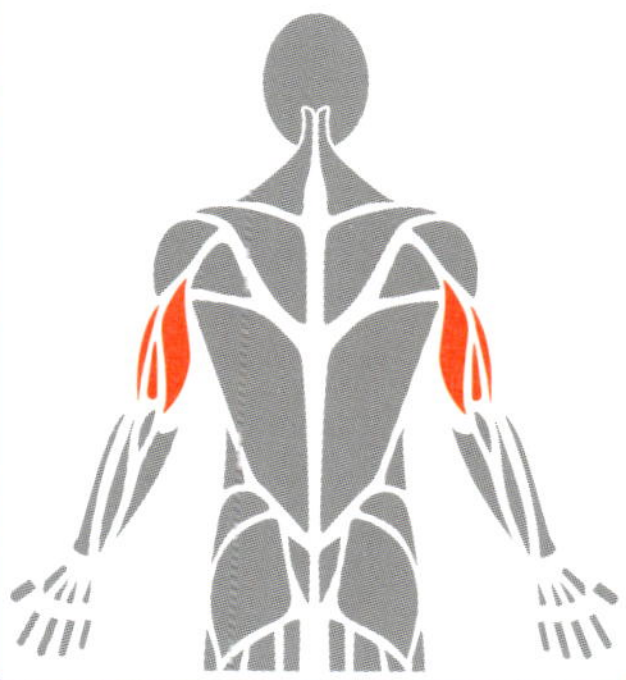

上腕三頭筋は、上腕の背中側にある筋肉で、肘を曲げたり、腕を体の中心に引き付けたり、体より後ろに引き下げるような、腕でものを引っ張る動きをするときに使われます。

日常生活であれば、ドアを引いたり、ものを自分の方に引き付けたりする動きですが、この筋力が衰えれば、それらの行為が行いにくくなることが考えられます。

腕で壁を押す運動を行いましょう。腕立て伏せを行ったとき腕にかかる負荷を軽くしたような訓練です。

3

肘を曲げて上体を壁に寄せていく

2の状態から肘を曲げて上体を壁に寄せていきます。このとき、肘が外側ではなく下に向くように脇を締めて肘を曲げていきます。

声かけ例
脇を締めて腕で体重を支えましょう

4

可能な限り、肘を曲げる

肘が曲がれば曲がるほど、腕にかかる負荷が増していきます。可能な限り肘を曲げて、負荷をかけていきます。

声かけ例
きついと感じるまで肘を曲げてみましょう

5

壁を押して上体を起こしていく

4の状態を維持する必要はありません。可能な限り肘を曲げたら、壁を押すようにして上体を起こしていきます。

声かけ例
腕で壁を押して上体を起こしましょう

6

2から5を繰り返す

2の状態に戻ったら、ややきついと感じるまで2から5の運動を繰り返し行います。

声かけ例
背中を反らないように注意して行いましょう

応用例

壁からの距離で負荷を変える

壁から離れれば離れるほど、負荷が増していきます。実施者の体力に合わせた距離に調整して行うようにしましょう。

注意

腰を反らせると腰を痛める

上体を起こすとき、背中を反らせてしまうことがあります。背中を反らせることで、腕にかかる負荷を減らせますが、腰を痛める危険性があります。

必ず背中や腰を反らせず、背筋を伸ばした状態で行うよう指導してください。

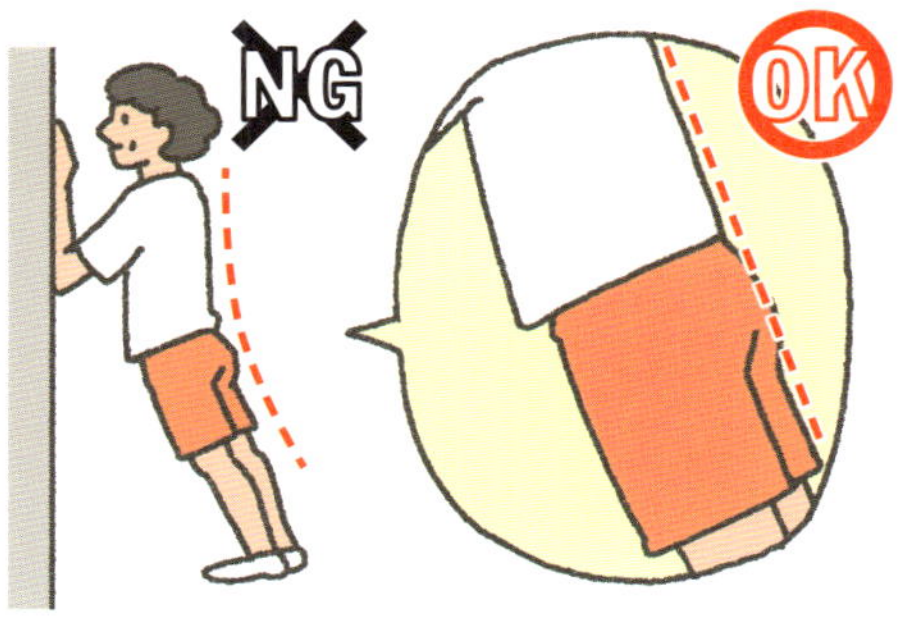

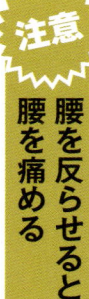

肩甲骨回し

腕の上げ下げに関与する三角筋を鍛え、肩関節の可動域を確保して、ものを上げ下げする能力を鍛える

三角筋は肩を覆う筋肉で、腕の付け根の盛り上がった部分です。この筋肉は肩関節を支点とした腕の動きに関与していますが、衰えてくると、腕全体の動きに影響を与えます。特に肩関節の可動域が狭くなるため、腕を上げる動作が辛くなります。

日常生活では、ものを頭上に持ち上げたり、頭上にある荷物を下ろしたい場合などの動作が困難になることが予想されます。

三角筋を鍛え、肩関節の可動域を確保するため、肩甲骨を動かす運動を行いましょう。

訓練部位

三角筋

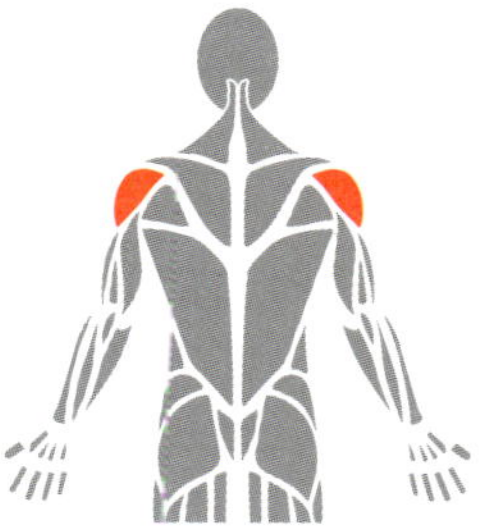

1 椅子に座って両肘を開き、肘を曲げて手で肩をつかむ

椅子に座り、写真のように肘を開いて肘を曲げ、手で肩をつかむような姿勢になります。実際に肩をつかむ必要はありませんが、しっかり肘を曲げておくと、運動が行いやすくなります。

声かけ例
両方の肩甲骨を寄せていきましょう

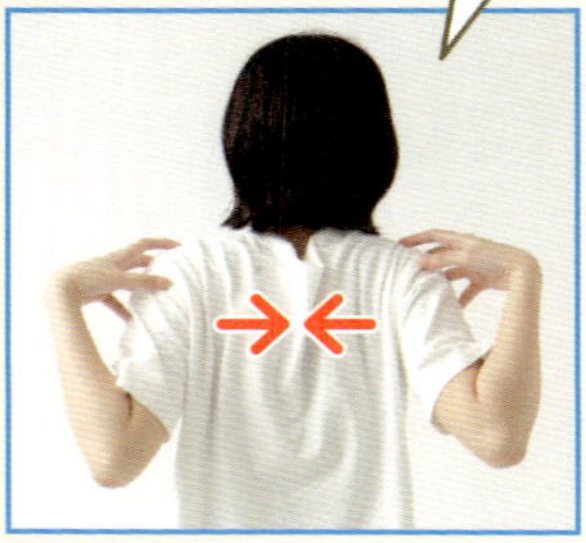

2 肩を後ろに回し、肩甲骨を寄せる

1の状態から、肘を下から後方に回すようなイメージで、両方の肩を後方に回していきます。このとき、肘を可能な限り後方に引くようなイメージで大きく回し、両方の肩甲骨を寄せて行くよう意識させます。

ポイント！ 肩甲骨を意識して行う

肩甲骨の動きを意識せず、単に肩を回すだけになってしまうと、ほとんど効果が得られなくなります。必ず肩甲骨を『寄せる』『広げる』を意識するよう指導しましょう。

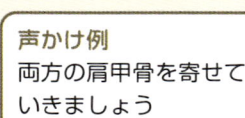

3

肩をさらに回していく

後方に引いた肘を、上から前に回していくイメージで、さらに肩を回します。

声かけ例
さらに肩を回していきます

4

肩をさらに回し、肩甲骨を広げる

[3]の状態から、さらに肩を回していき、両肘を前方に移動させます。このとき両肘は可能な限り寄せ合うようなイメージで大きく回し、両方の肩甲骨を広げるよう意識させます。

声かけ例
両方の肩甲骨を広げていきましょう

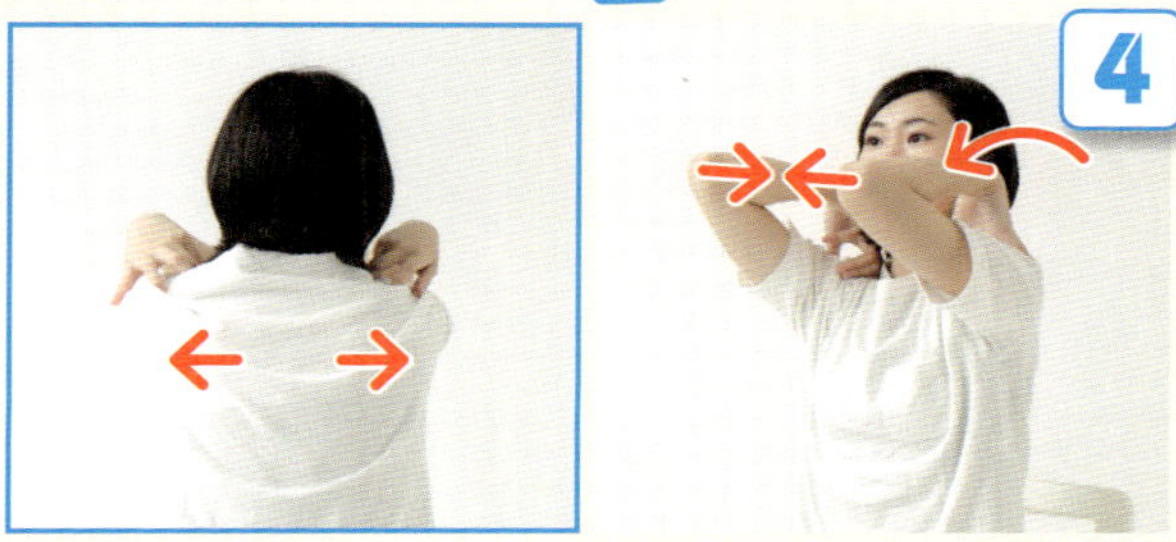

5

[1]の状態に戻り、逆回転させる

[4]の状態からさらに肩を回し、[1]の状態に戻ります。戻ったら[4]から[2]に戻るよう、肩を逆に1回転させます。

声かけ例
今度は逆に回してみましょう

6

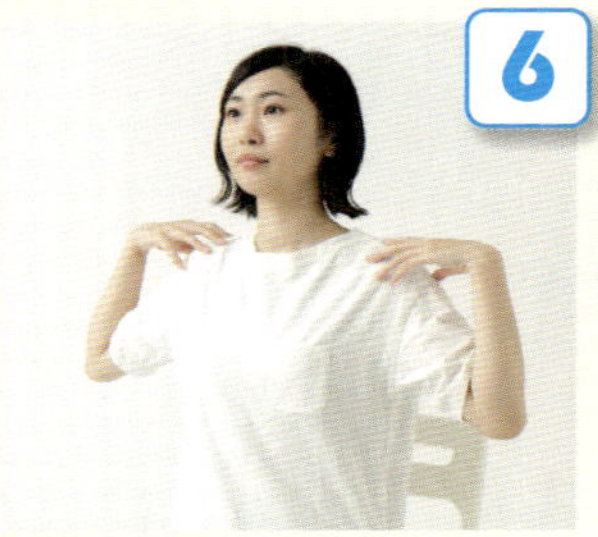

[2]から[5]を繰り返す

[1]の状態に戻ったら、[2]から[5]を繰り返し行います。

声かけ例
すこしきついと感じるくらいまで繰り返してみましょう

注意 小さくゆっくりからはじめる

この運動は肩を回すことが目的ではありません。目的を意識しておかないと、肩を勢いよくグルグル回してしまったりすることがあるので注意しましょう。

はじめは円は小さくても構いません。また、ゆっくり回しても肩甲骨の動きを意識できていれば十分効果はありますので、特に動きに慣れるまでは、肩を勢いよく回さないよう指導しましょう。

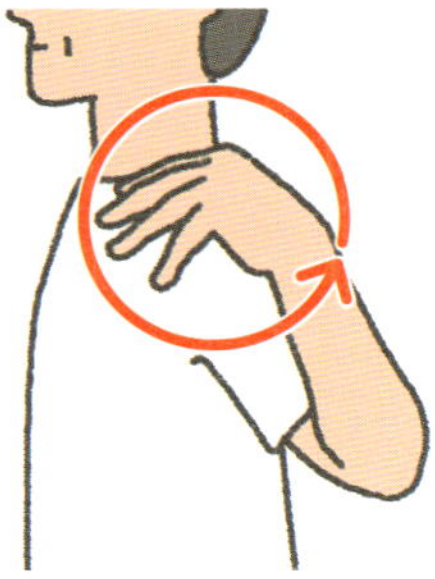

肩回しにならないように注意

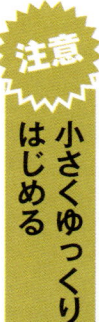

手のひら同士の押し合い

ものを持ったりする上肢を支える筋肉を鍛え、起床時に体をスムーズに起こせるようにする

1

椅子に座り胸の前で両手を合わせる

椅子に座って胸の前で両手を合わせます。手のひら同士を合わせる、いわゆる拝みのポーズを作ります。

ポイント！ 指先を天井に向けて行う

この運動は、拝み、あるいは祈りの姿勢と表現されることが多く、実際、胸の前で合わせた両手の指先は、前方ではなく、天井に向くように行います。指先が前方を向いてしまうと、上手く力が入らず、効果的な運動にはなりません。

大胸筋は、手や腕を使ってものを持ったり運んだりする際の、上肢の筋肉を支える働きがあります。そのため、上肢に分類されるとする見方がありますが、一般には体幹に分類されています。

この筋肉が衰えてくると、ものを持ったりするのも辛くなってきますが、日常生活では、起床時などに寝姿勢から体を起こす動作が困難になることが考えられます。大胸筋を鍛え、朝目覚めて最初に行う活動である起床がスムーズに行えるようにしましょう。

訓練部位

大胸筋

両手で押し合う

1の状態から両手で両手を押し合うようにします。このとき、手のひらというよりは、腕が一直線になるよう脇を開き、掌底同士で押し合うと、力が入れやすくなります。

> 声かけ例
> 腕同士で押し合いましょう

一定時間、押し合い続ける

2の状態で一定時間、押し合い続けます。この一定時間とは、実施者がややきついと思う程度を目安とします。

> 声かけ例
> 少しきつくなるまで
> 押し合いましょう

2から3を繰り返す

1の状態に戻り、2から3を繰り返し行います。

> 声かけ例
> 少しきつく感じるまで
> 繰り返してみましょう

注意　脇は締めず、胸の近くで

この運動では姿勢が大切になります。祈りだからと言って脇を締めてしまうと、両腕で押し合うのが難しくなり、上手く大胸筋に負荷がかかりません。また、脇を開いていたとしても、手が胸から離れてしまうと、大胸筋に十分な負荷がかかりません。

脇は締めず、可能な限り手が胸から離れないように注意して行うよう指導しましょう。

両手でお腹押し

お腹の筋肉に刺激を与え、呼吸をスムーズにし、腰痛を予防する

1

仰向けに寝て、両手を腹の上に乗せる

仰向けに寝て、両手をお腹の上に乗せます。

↓

2

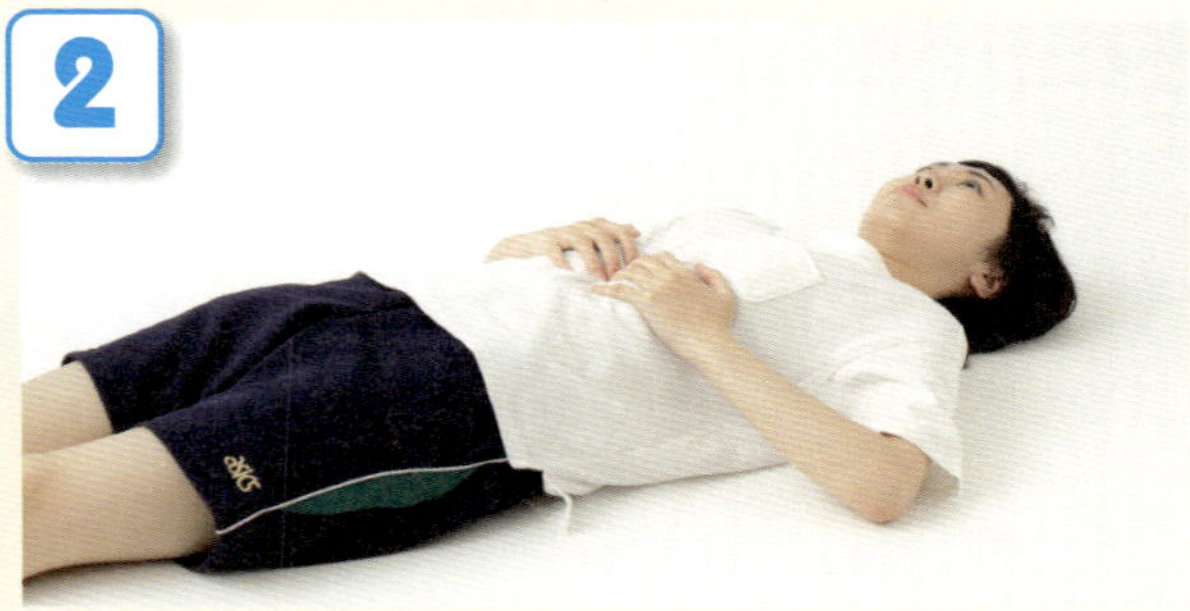

手でお腹を押す

1の状態から両手の指の腹でお腹を押していきます。最初から強く押さなくても構いません。押したときに痛いと感じると、反射的に腹直筋が押し返してきます。

声かけ例
少し痛いと感じるくらいに押してみましょう

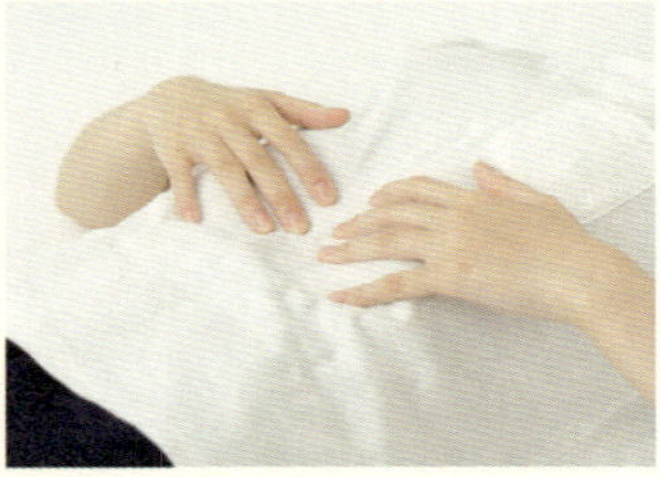

訓練部位

腹直筋

腹直筋は、腹の中央部、表面にある筋肉です。この筋肉は上体を前にかがめたりする際に使いますが、呼吸にも関与しています。そのため、この筋肉が衰えてしまうと、呼吸が浅くなる可能性があります。

さらには、上体を支えるバランスが低下するため、腰痛も起こりやすくなります。

そこで、低体力者で腹筋運動ができない場合は、仰向けに寝た状態で、手でお腹を押して腹直筋に刺激を与える運動を取り入れてみましょう。

ポイント！ 指先ではなく指の腹で押す

お腹を押すときは、指先ではなく指の腹で押すようにします。指先で押してしまうと、狭い範囲に圧力がかかり過ぎてしまうので、痛みを感じやすくなります。

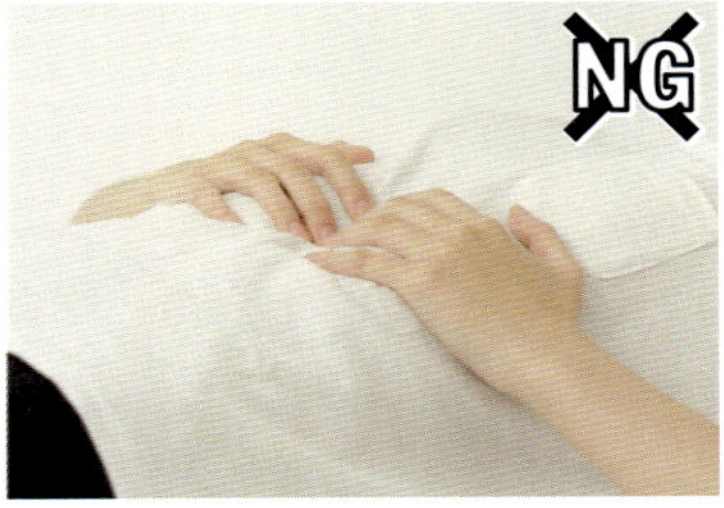

上から下まで手を移動させていく

3

なるべくみぞおちの横付近（上）からおへその下付近（下）まで、手を移動させて偏りなく押していきます。

声かけ例
手を動かして押していきましょう

4

3を繰り返す

手を上下させ、お腹を押す運動を繰り返し行います。

声かけ例
少しきついと感じるくらいまで行ってみましょう

注意 強く押さず、徐々に圧をかける

強く押しすぎると、筋肉を痛めてしまうこともあります。

また、一気に圧力をかけるのではなく、指の腹を当て、徐々に圧力をかけていくことが重要です。腹直筋の反応を手に感じたら圧力を緩めるよう指導しましょう。

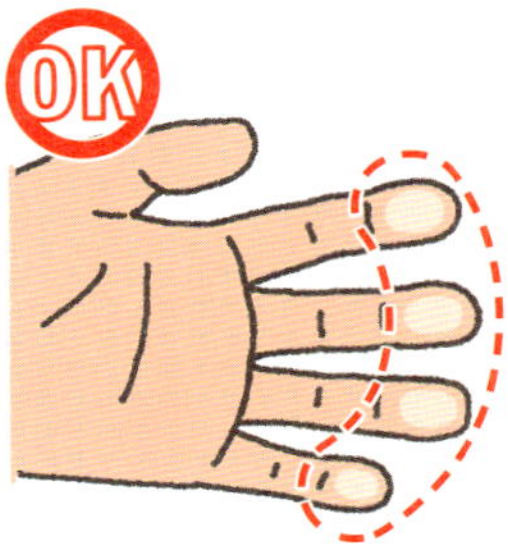

指を立てず、指の腹全体を使って徐々に圧力をかける

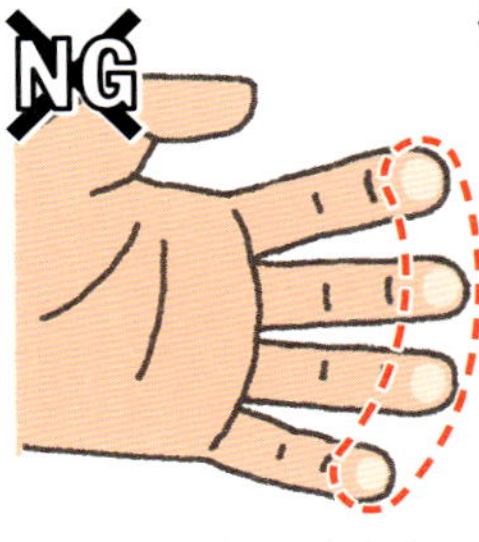

指を立てて指先で押すと、圧力が強くなってしまう

椅子の背もたれ押し

姿勢や呼吸に関わる筋肉を鍛え、スムーズな呼吸と肩こりを予防、改善する

僧帽筋は首から肩甲骨辺りの広い範囲を覆う筋肉で、肩や首の動き、胸を張る動作や呼吸などに関与しています。そのため、この筋肉が衰えると、姿勢が悪くなったり肩こり、また呼吸が浅くなるなどの症状が現れる可能性が高くなります。

そこで、背もたれのある椅子に深く腰掛け、背中で背もたれを押す運動を行いましょう。僧帽筋を鍛えることで、スムースな呼吸や円背の予防、肩こりの予防や改善といった効果が期待できます。

訓練部位

僧帽筋

1

できる限り椅子に深く座る

背もたれのある椅子に座ります。このとき、できる限り深く腰掛け、背筋を伸ばし腰を直角に曲げた状態で、背中が椅子の背もたれに当たるようにします。

ポイント！ ゆっくりと押していく

この運動では、背もたれを押すことに意識が集中してしまうと、反動を使って押そうとすることがあります。反動を使って瞬間的に強く押すのではなく、ゆっくりと背中で圧をかけて背もたれを押し込んでいくよう指導しましょう。

なお、可能な限り背もたれの高さがある椅子を使用してください。高ければ高いほど、運動しやすくなります。

声かけ例
背中全体で背もたれを押してみましょう

背中で背もたれを押す

①の状態から背中全体で圧力をかけるようなイメージで、椅子の背もたれを押していきます。このときは、胸を広げるようなイメージで、背中を背もたれに押し付けていきます。座面を手でつかんでも構いません。

応用例

背もたれが斜めの場合は、タオルなどを挟んで行う

　この運動では、可能であれば背もたれが垂直に近い椅子を用いると行いやすくなります。しかし、写真のパイプ椅子のように、背もたれが斜めになっていると、うまく押せません。そこで、このような場合は、背もたれにタオルなどを挟み、垂直に近い状態を作って行うといいでしょう。

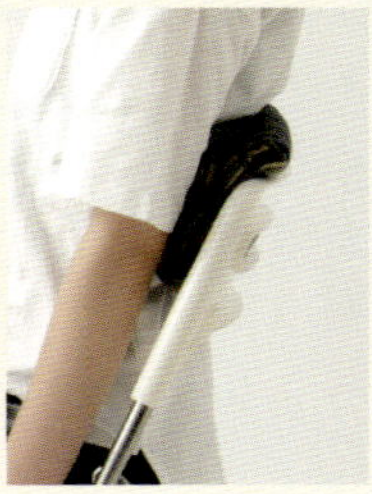

一定時間、押し続ける

②の状態で一定時間、背もたれを押し続けます。10秒程度を目安としてください。

声かけ例
10秒頑張ってみましょう

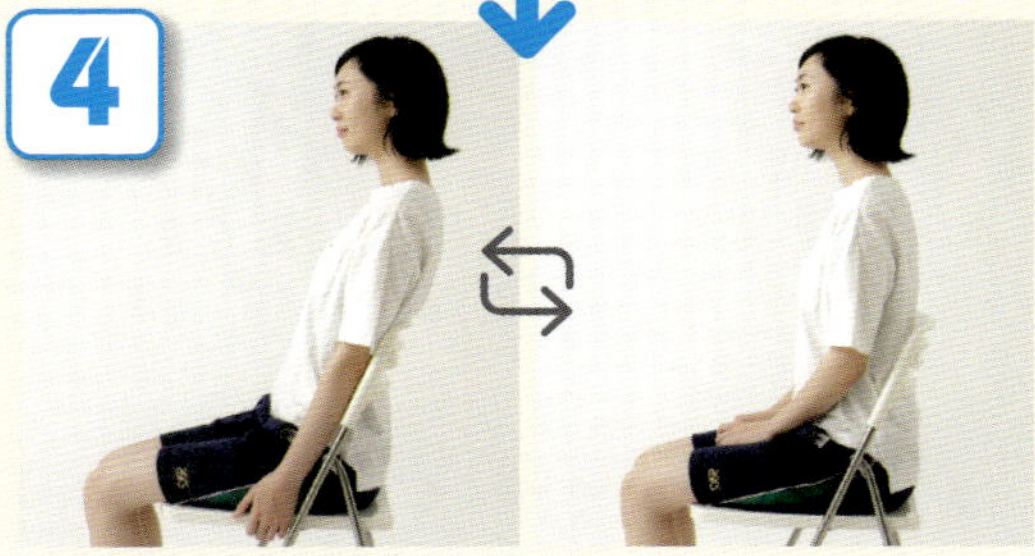

②から③を繰り返す

①の状態に戻り、②と③を繰り返し行います。実施者の体力等にもよりますが、おおよそ2～3セットを目安としてください。

声かけ例
もう少し頑張ってみましょう

注意　背中を丸めない

　背中で背もたれを押す、というイメージを間違って捉えてしまうと、上体を前に倒し、背中を丸めて背中を背もたれに近づけ、その状態から背もたれを押そうとしてしまうことがあります。これでは僧帽筋に十分な負荷がかからなくなってしまいます。

　必ず背筋を伸ばし、背中を丸めるのではなく、むしろ胸を張り背中全体で背もたれを押すよう指導してください。

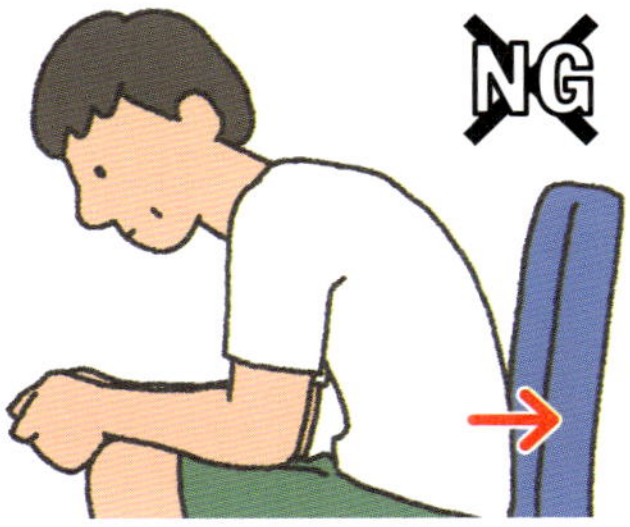

タオル引き

姿勢を支える筋肉を鍛え、姿勢を改善させ、腰痛のリスクも軽減させる

1

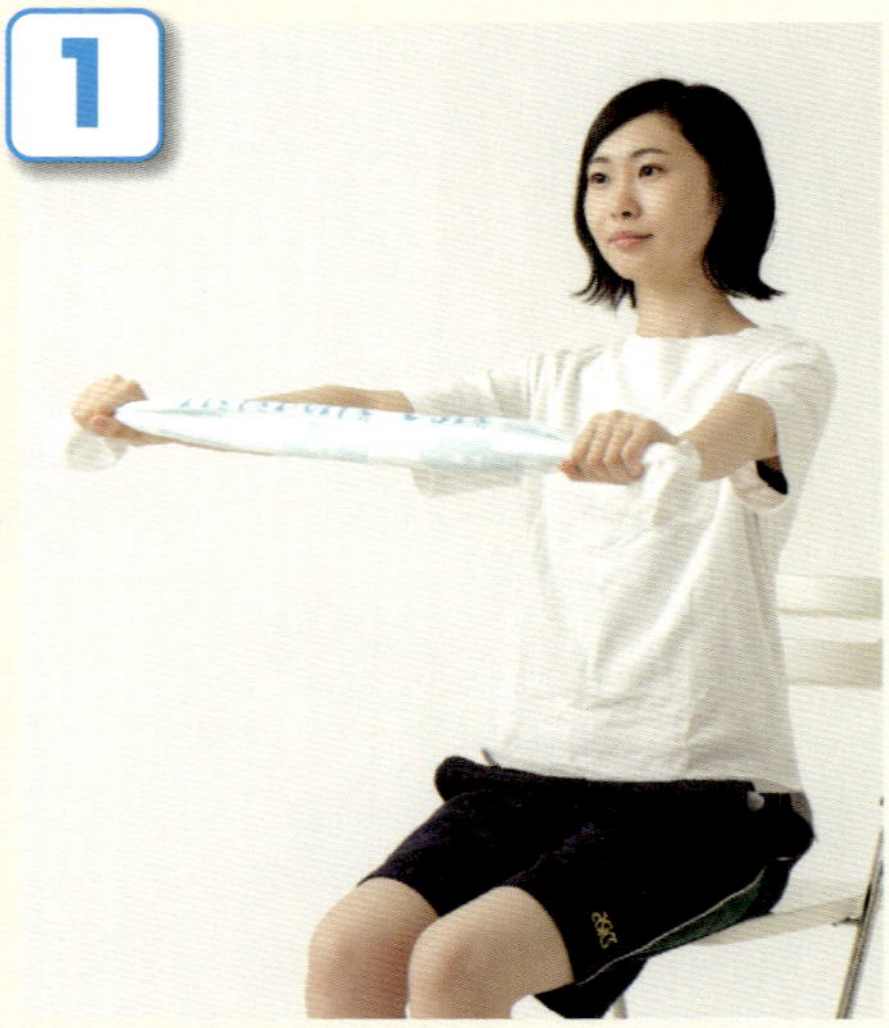

タオルの両端を両手で持ち、椅子に座る

タオルの両端を両手で持ち、椅子に座ります。このとき腕は伸ばし、胸の前に出しておきます。

ポイント! **背中や脇の下に意識を持って行う**

この運動は、腕力でタオルを引っ張るのではなく、背中や脇の下に力を入れて引き合うことが重要です。そのため、タオルを引っ張っているとき、背中や脇の下に力が入っていることを意識するよう指導してください。

広背筋は脇の下からわき腹にかけて背中側に広がる筋肉です。この筋肉は、ものを持ったりするときはもちろんですが、姿勢を支えるために使用されることもあるため、衰えると姿勢が悪くなる可能性があります。

また、姿勢が悪くなることで、腰に負担がかかり、腰痛を引き起こすリスクも高まります。

タオルを使って広背筋を鍛える運動を行いましょう。姿勢を支える筋力を鍛えて姿勢の安定を図ることで、腰痛のリスクの軽減が期待できます。

訓練部位

広背筋

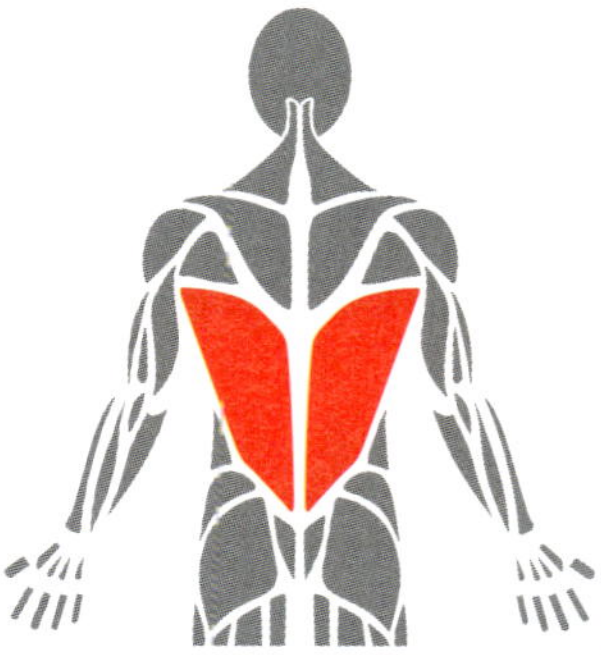

2

両手でタオルを引っ張る

[1]の状態から両手でタオルを引っ張ります。可能な限り力を入れ、両手で引き合います。

> 声かけ例
> 両手で引っ張り合いましょう

3

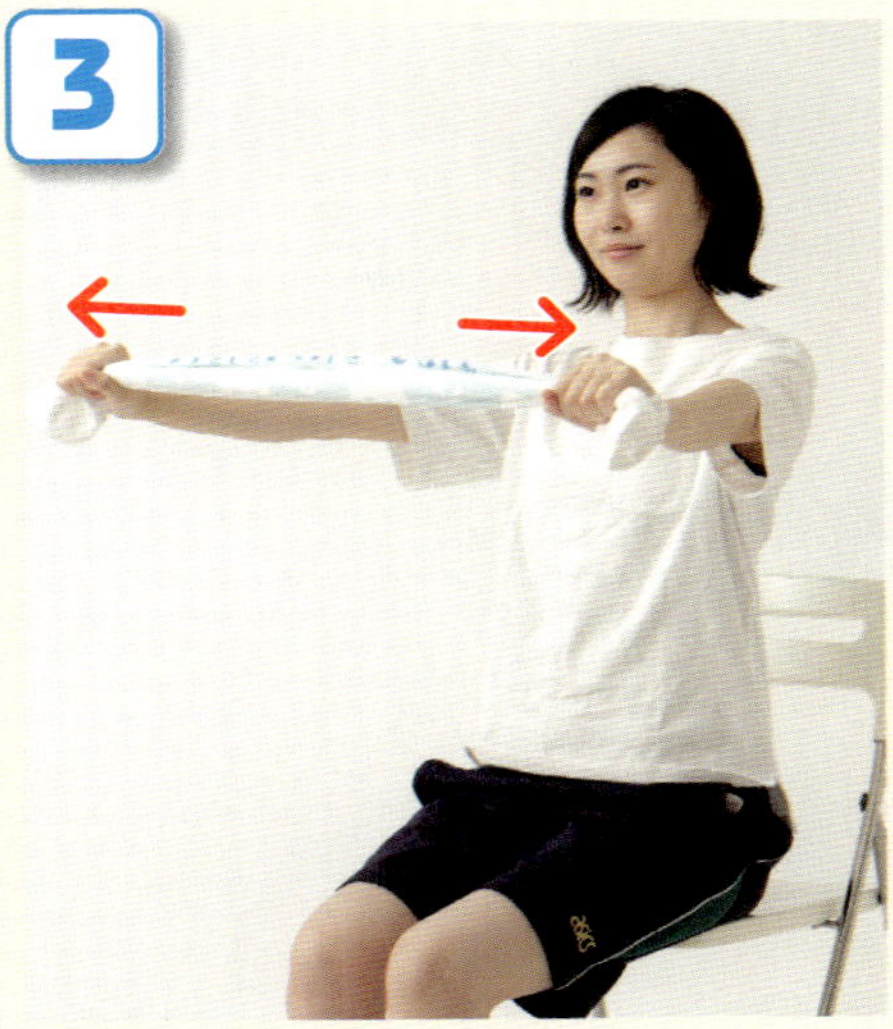

一定時間、引き合い続ける

[2]の状態で一定時間、タオルを引き合い続けます。10秒程度を目安としてください。

> 声かけ例
> 少しきつくなるまで引き合いましょう

4

[2]から[3]を繰り返す

[1]の状態に戻り、[2]から[3]を繰り返し行います。実施者の体力等にもよりますが、おおよそ2～3セットを目安としてください。

> 声かけ例
> 少しきつく感じるまで繰り返してみましょう

注意　背中が丸まらないように注意

広背筋は、脇から背中にかけて広がる筋肉なので、この運動を行う際、背中を丸めてしまうと、広背筋に十分な負荷がかからなくなってしまいます。背中を反る必要はありませんが、姿勢を正して胸を張るくらいのイメージでタオルを引き合うよう指導しましょう。

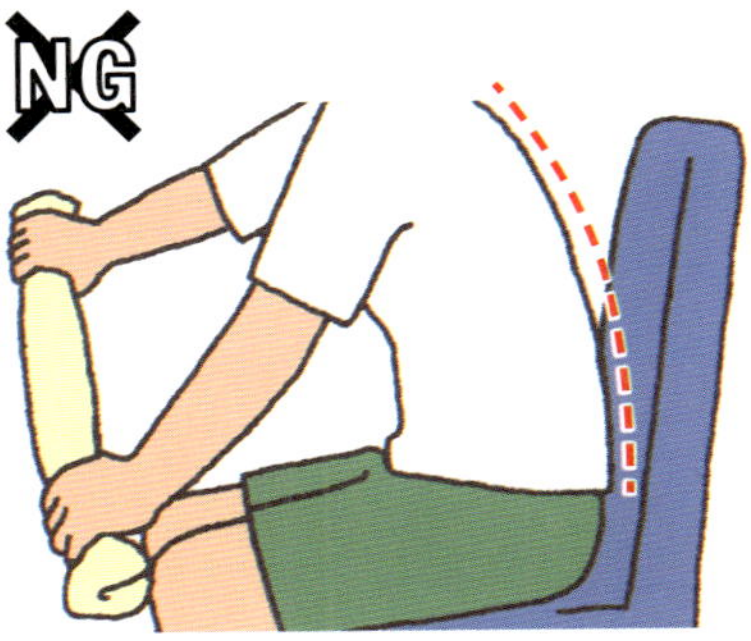

COLUMN

筋力訓練後のケア

筋力訓練をおこなった後は、筋肉内に疲労物質が蓄積したり、筋肉を構成している細い線維（筋線維）が傷ついているため、適切なケアが必要になります。ここでは、クーリングダウンの理論に則った、筋力訓練後のケアの方法について紹介します。

1　有酸素性運動

筋力訓練後、筋肉の中を通っている毛細血管の中の血液は、二酸化炭素が多い状態です。つまり血液が酸性に傾いているわけですが、人間の血液は弱アルカリ性（pH 7.4）が正常なので、これを弱アルカリ性に改善させる必要があります。そのためには、二酸化炭素が多い血液（静脈血）を心臓へ戻し（還流）、肺で酸素が多い血液（動脈血）に変える、という方法を取ります。そこで、軽い有酸素性運動（ウォーキングやジョギング）をおこない、血液の還流を促進させましょう。

2　冷却

筋疲労の程度が重い場合には、患部を冷却することが重要になります。特に強度の高い負荷を掛けた場合、筋線維は傷つき炎症（出血）を起こしている可能性が考えられるため、冷却して止血をおこなう必要があります。冷却方法には、冷水、アイスパック、氷嚢（ひょうのう・写真）、コールドスプレーなどがあります。ただし、冷やし過ぎると凍傷になる恐れがありますので、患部が十分冷やせたと感じる程度でよいでしょう。

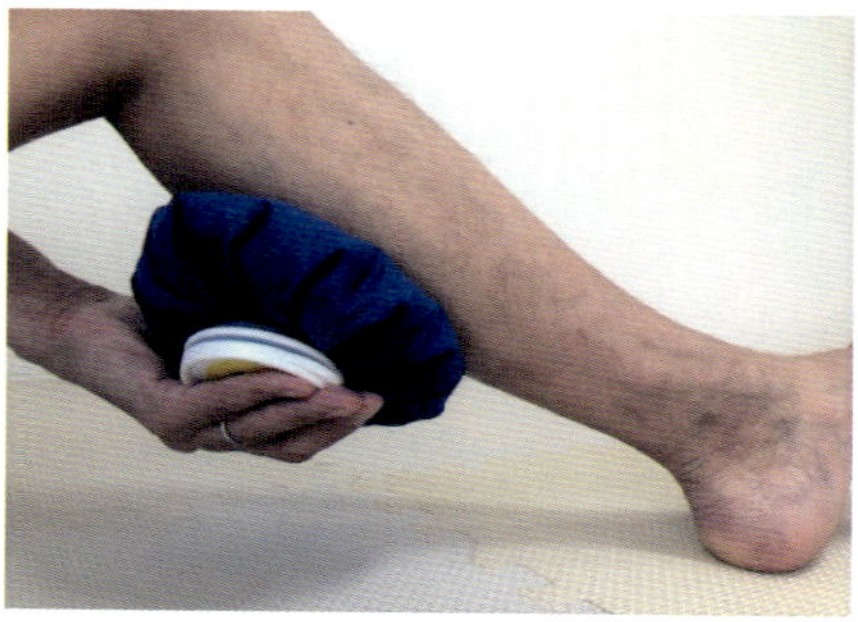

3　ストレッチング

筋力訓練によって筋の収縮が繰り返されると、疲労が蓄積します。ストレッチングは、疲労回復を促進させる効果がありますので、積極的に取り入れましょう。また、疲労の蓄積は怪我を招くこともありますが、ストレッチングは怪我を予防する効果も期待できます。さらに、筋をしっかり伸ばすことで気持ちが落ち着き、リラクセーション効果にもつながります。

中体力者

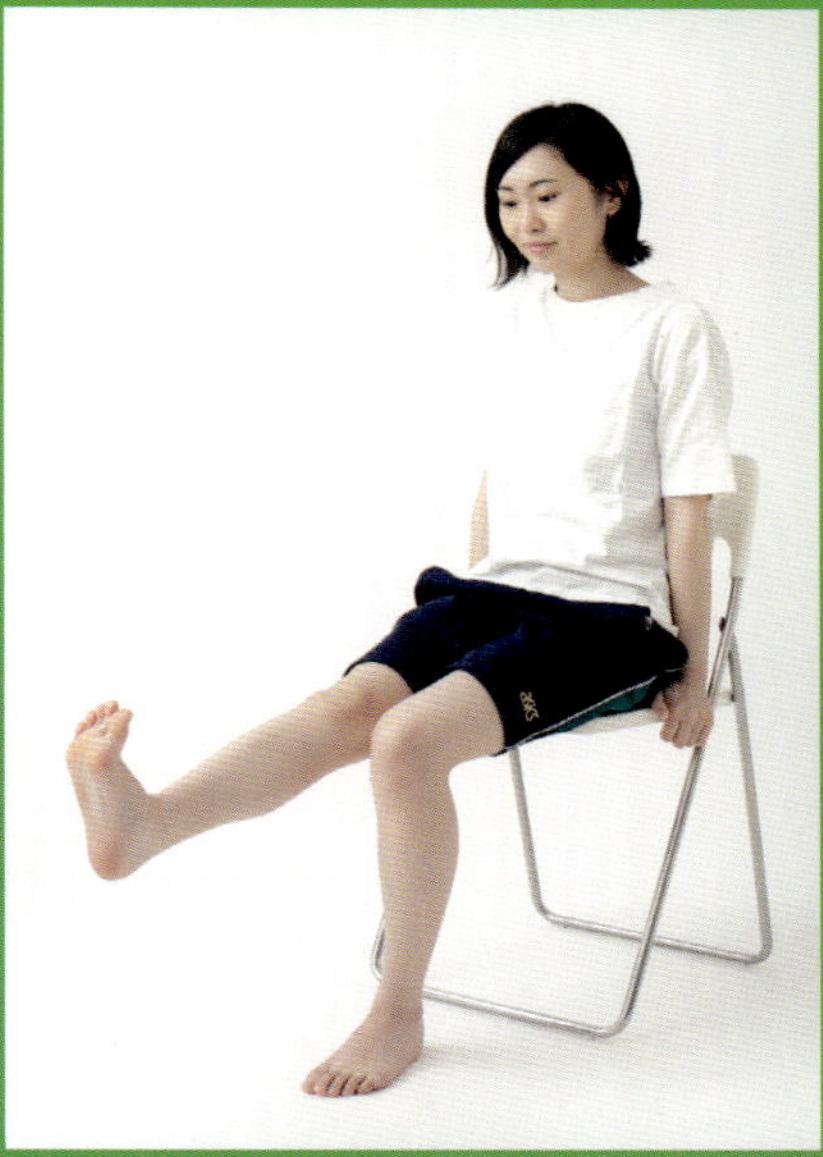

足指によるタオルの手繰り寄せ

壁に手を着いてつま先立ち

脚を床と平行まで挙上

脚を伸ばして挙上

椅子からの立ち上がり

ゴム（スポンジ）ボールを握る

物体保持による腕の巻き上げ

物体保持による腕の上方引き上げ

案山子（かかし）の腕

膝着き腕立て伏せ

膝を曲げて脚挙げ

腹臥位で腕と脚の挙上

足指によるタオルの手繰り寄せ

足の指を動かす筋肉を刺激し、床をしっかりと指で捉え、立ち姿勢を安定させる

1

椅子に座りフェイスタオルまたはバスタオルの上に足を乗せる

タオルを床に敷き、椅子に座ってタオルの上に足を乗せます。

ポイント！ 足裏全体を床に着けて行う

この運動は、タオルを手繰り寄せることそのものが目的ではありません。あくまでも足の指を上げたり下げたりして、普段あまり意識することのない筋肉を、意図的に動かすことが目的です。

足裏の一部を床から離してタオルを手繰り寄せやすくしたりすることのないよう、足裏全体を床に着けて行うよう指導しましょう。

短趾伸筋は、足の親指を除く四指を曲げ伸ばす際に使用している筋肉です。指を曲げたり伸ばしたりするのはもちろんですが、足裏で床をしっかり捉えるために使用しています。

この筋肉が衰えると、指でしっかり床や地面を捉えることができなくなり、結果的に立位姿勢が安定しなくなります。立位姿勢が安定しなければ、歩行も困難になってきます。

タオルを使い、足の指を動かすトレーニングを行い、普段あまり意識することのない筋肉を刺激しましょう。

訓練部位

短趾伸筋

2 指を動かしてタオルを手繰り寄せる

1の状態から両足の指全体を使って、ややきついと感じるまでタオルを手繰り寄せ続けます。

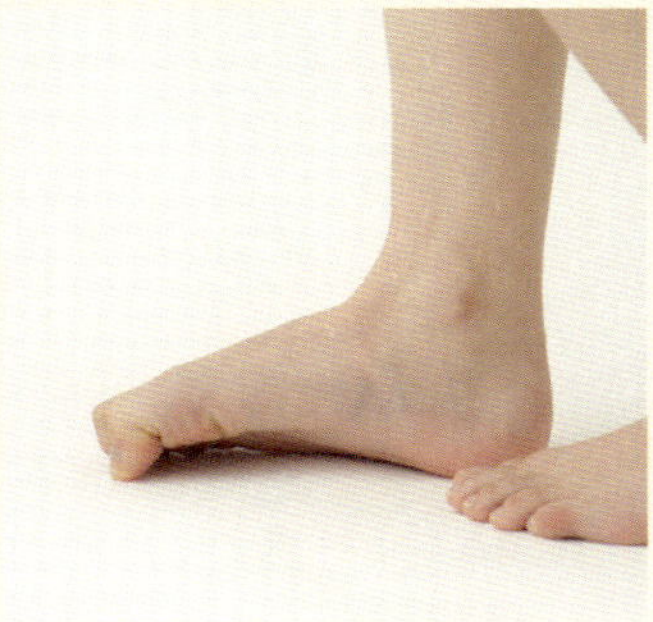

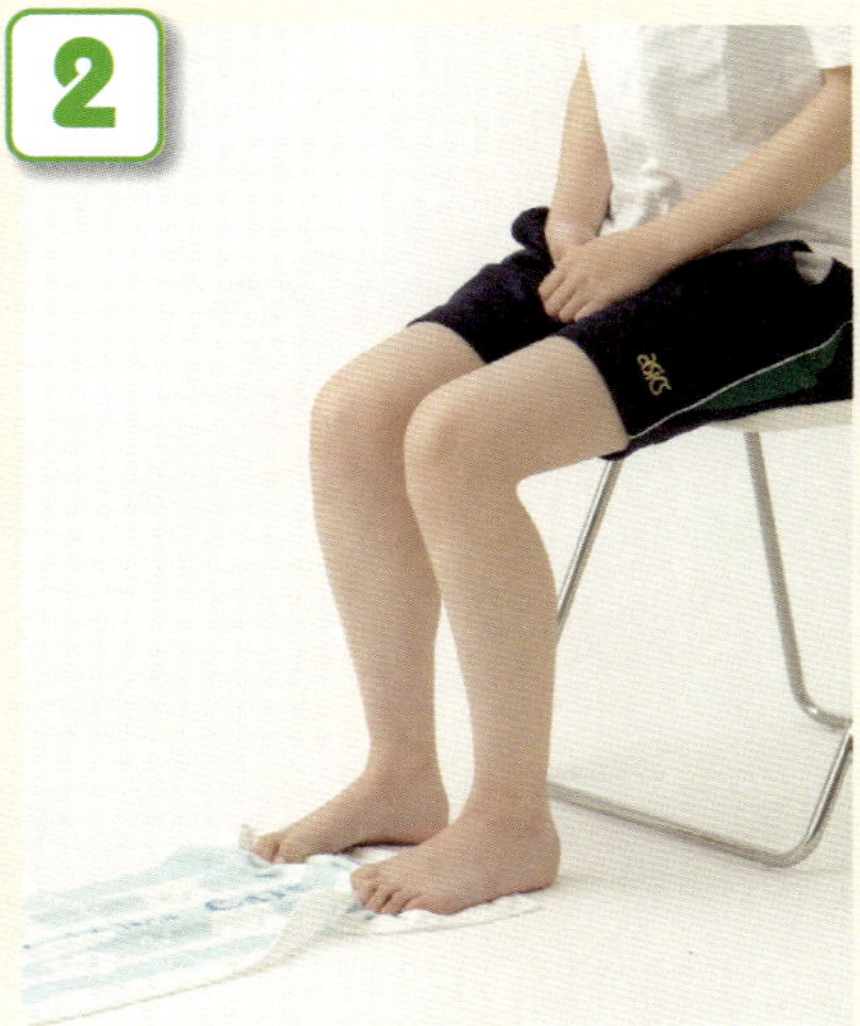

声かけ例
少しきつくなるまで手繰り寄せてみましょう

応用例

片足で行う

ここでは両足で行いましたが、片足ずつ行っても構いません。この場合、左右交互に行うようにしましょう。

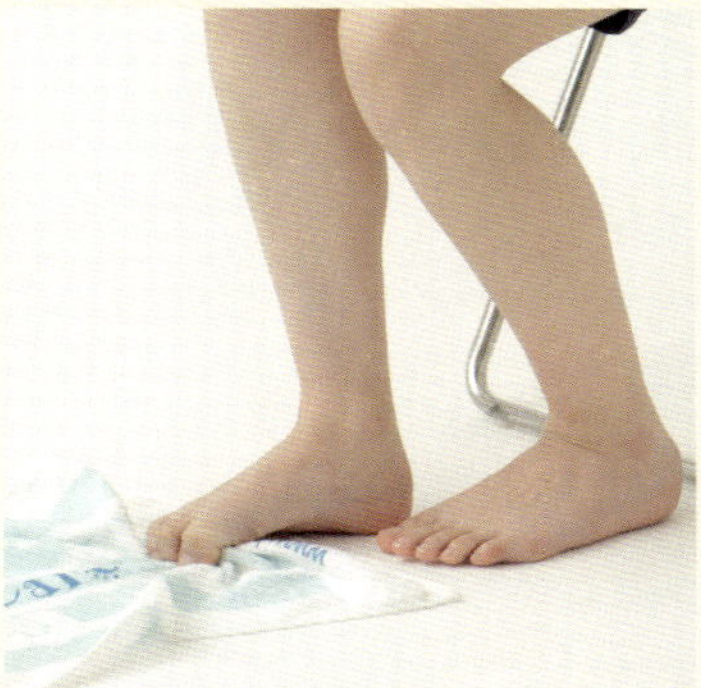

注意 かかとを上げない

タオルを手繰り寄せることが目的になってしまうと、タオルが前に滑りやすくなるよう、かかとを上げて行なおうとしてしまうことがあります。タオルを手繰り寄せる速さを競うなどのゲームではありません。決してかかとを上げることなく、足裏全体を床に着けたまま、足の指だけでタオルを手繰り寄せるよう注意してください。

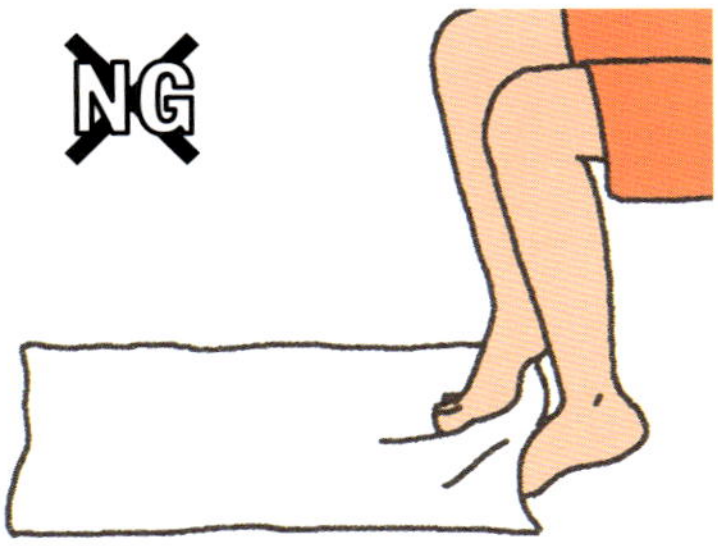

壁に手を着いてつま先立ち

ふくらはぎを鍛え、歩行をスムーズに行うとともに、立ち姿勢を安定させる

1

壁に手を当て、背筋を伸ばして立つ

つま先立ちになったとき、バランスを崩さないよう、壁などに手を着き、背筋を伸ばして立ちます。

ポイント！ かかとを床に着けないで繰り返す

　この運動では、慣れるまでは負荷が大きいかもしれませんが、なるべく一回一回かかとを床に着けず、連続してつま先立ちするよう指導してください。

　なお、かかとを浮かす意識よりも、足の指で床を踏みつけるイメージで行うと、より負荷がかかります。

　下腿三頭筋は、いわゆるふくらはぎと呼ばれる部分を形成する筋肉で、体の動きをコントロールする重要な筋肉です。特に歩行では、かかとでの着地やつま先からの蹴り出しをスムーズに行うために使用しています。

　この筋肉が衰えることで、それらの動きが上手くできなくなります。また、歩行時だけではなく、立ち姿勢も不安定になりがちです。

　ここでは、つま先立ちの運動を行い、これらの筋肉を鍛えていきましょう。

訓練部位

下腿三頭筋

（腓腹筋・ヒラメ筋）

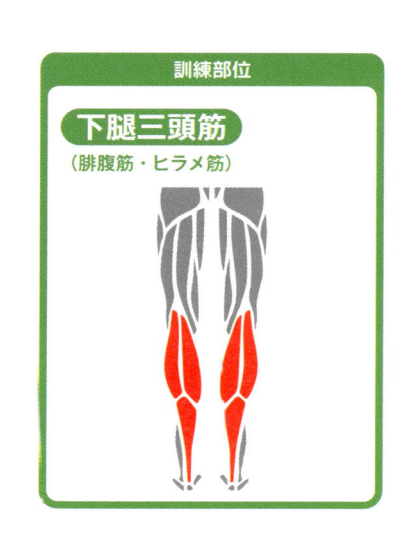

かかとを浮かせてつま先立ちを行う

1の状態からかかとをすばやく浮かせて、つま先立ちになります。

声かけ例
かかとを浮かせてつま先立ちしましょう

かかとを下ろしていく

2の状態で止まる必要はありません。つま先立ちになったら、かかとをゆっくり下ろしていきます。

声かけ例
かかとを下ろしていきます

かかとが着地する直前に、素早くつま先立ちになる

下ろしてきたかかとは床に着地させず、着地する直前に、ふたたびつま先立ちになります。決められた回数はありませんが、実施者がややきついと感じる回数まで繰り返します。

声かけ例
かかとを着けずに、またつま先立ちになりましょう。少しきつく感じるまで繰り返してみてください

応用例

壁に手を当てずに行う

ここでは壁に手を当ててバランスを取りましたが、つま先立ちしたときに姿勢が安定しているようなら、壁に手を当てることなく実施しても構いません。

注意

視線を落とすと腰が引ける

つま先立ちをするとき、無意識に下を向いて、足元に視線を落としてしまうことがあります。視線を落としてしまうと、腰が引き気味になってしまいます。腰を引いてしまうと、つま先立ちになるのが余計に難しくなってしまうので、視線はまっすぐ、壁を見るように注意してください。

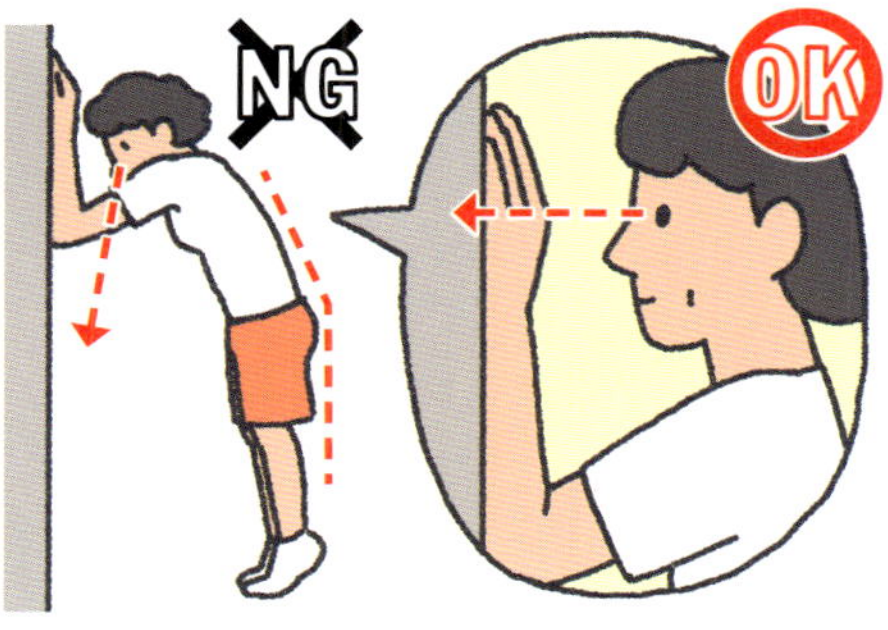

太もも前面の筋肉を鍛え、歩行能力の改善と、転倒を予防する脚力を養う

脚を床と平行まで挙上

訓練部位

大腿四頭筋

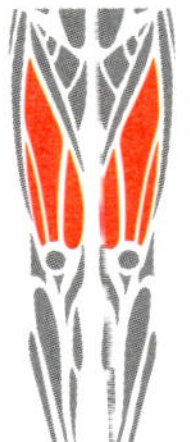

腸腰筋

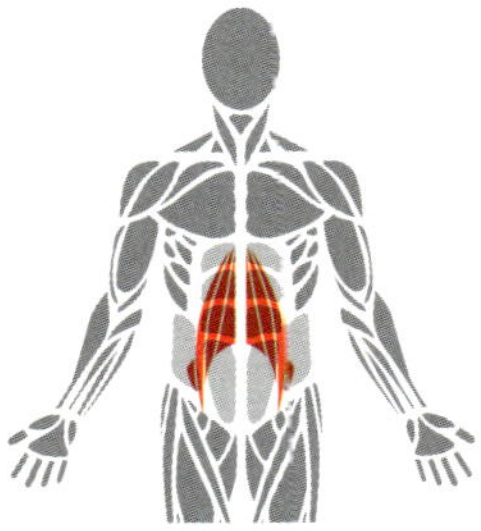

1

背筋を伸ばして椅子に座る

椅子に座ります。浅く座っても深く座っても、あまり負荷に違いはありませんが、背筋を伸ばして座ります。

ポイント！ 脚の付け根も意識させる

この運動では、太ももの前面（大腿四頭筋）に負荷がかかっていることは意識できますが、脚の付け根（腸腰筋）には、あまり意識が行かない可能性があります。この部分にも負荷がかかっていることを意識するよう指導しましょう。

大腿四頭筋は太もも前面にある大きな筋肉で、膝の曲げ伸ばしや脚を上げるなどの動作で使用されています。腸腰筋は、膝を持ち上げたり姿勢を保つ際に使用されている筋肉です。そのため、これらの筋肉が衰えると、歩くときに歩幅が減少したり、脚が上がらずすり足になる可能性があります。その結果、つまずいて転倒しやすくなってしまう危険性も高まります。

そこで、椅子に座り膝から下を持ち上げる運動を行い、膝を上げる筋力を養い、歩行能力の改善と転倒を予防しましょう。

2

片脚を床と平行になるまで上げる

1の状態から膝を支点にして、片脚（ここでは右脚）を上げます。このとき、脚が床と平行になるまで（膝がまっすぐ伸びるまで）上げていきます。

> 声かけ例
> 脚をまっすぐになるまで上げましょう

3

一定時間、脚を上げ続ける

2の状態で一定時間、脚を上げ続けます。10秒程度を目安としてください。

> 声かけ例
> 10秒くらい頑張ってみましょう

4

脚を元に戻し、逆の脚でも行う

上げていた脚を元に戻し、逆の脚（ここでは左脚）で2から3を行います。可能であれば左右1回を1セットとし、3セット程度行ってください。

> 声かけ例
> 反対の脚でも行います。3回行けますか？

注意　前傾・後傾しない

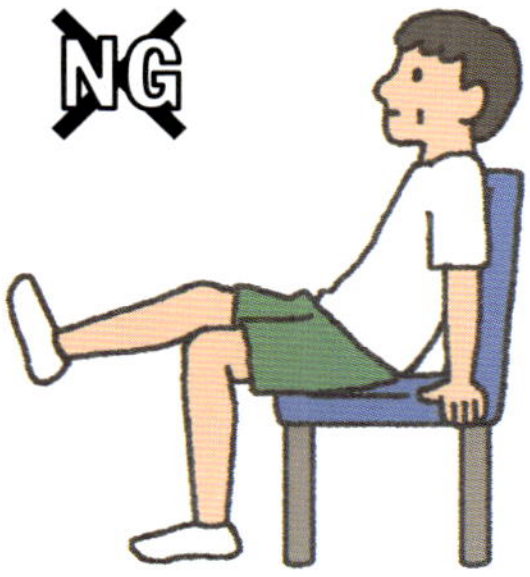

この運動は背筋を伸ばして行いますが、椅子の背もたれにもたれかかったり（後傾）、逆に視線を下に向けて前屈み（前傾）で行わないようにしましょう。背筋を伸ばして行わないと、効果的ではありません。

また、椅子に座ったとき、上げない方の脚は、膝の角度を直角程度にしておきます。脚を投げ出して座ったり、必要以上に折り曲げて座ったりすると、この場合も効果的な運動とはなりません。

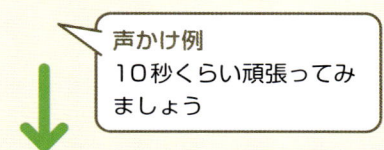

脚を伸ばして挙上

太もも前面の筋肉を鍛え、歩行能力の改善と、転倒を予防する脚力を養う－2

1

脚を伸ばして床に座る

脚を伸ばして床に座ります。このとき腰を直角に曲げ、背筋を伸ばしておきます。つま先は、上に向けておきます。

ポイント！ 無理なら前項の運動から

この運動は、行ってみると分かりますが、P 44と比べ、大きな負荷がかかります。そのため、脚を上げる際、膝を曲げてしまうことがありますが、十分な効果は期待できません。

この運動を行ったとき、実施者が辛そうであれば、P 44の運動から始めてください。

P44では椅子に座って脚を上げる運動を紹介しましたが、ここでは同じ脚を上げる運動ですが、より負荷が大きくなる運動を紹介していきます。椅子ではなく、床に両脚を伸ばして座りながら行う方法です。この運動も、太もも前面の大腿四頭筋と腸腰筋の訓練となり、この筋肉が衰えた際に危惧されることや、鍛えることのメリットなどは同様です。

前項の運動とどちらを行うかは、実施者の体力や状況などを考慮の上、適当と思われる方を行ってください。

訓練部位

大腿四頭筋

腸腰筋

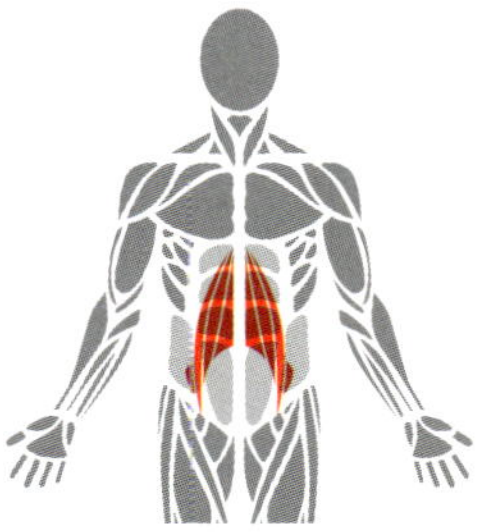

2

片脚を上げる

1の状態から脚の付け根を支点にして、片脚（ここでは左脚）を可能な限り高く上げます。このとき、脚は伸ばしたままで、膝が曲がらないよう注意しておきます。

声かけ例
膝を曲げないで脚を上げましょう

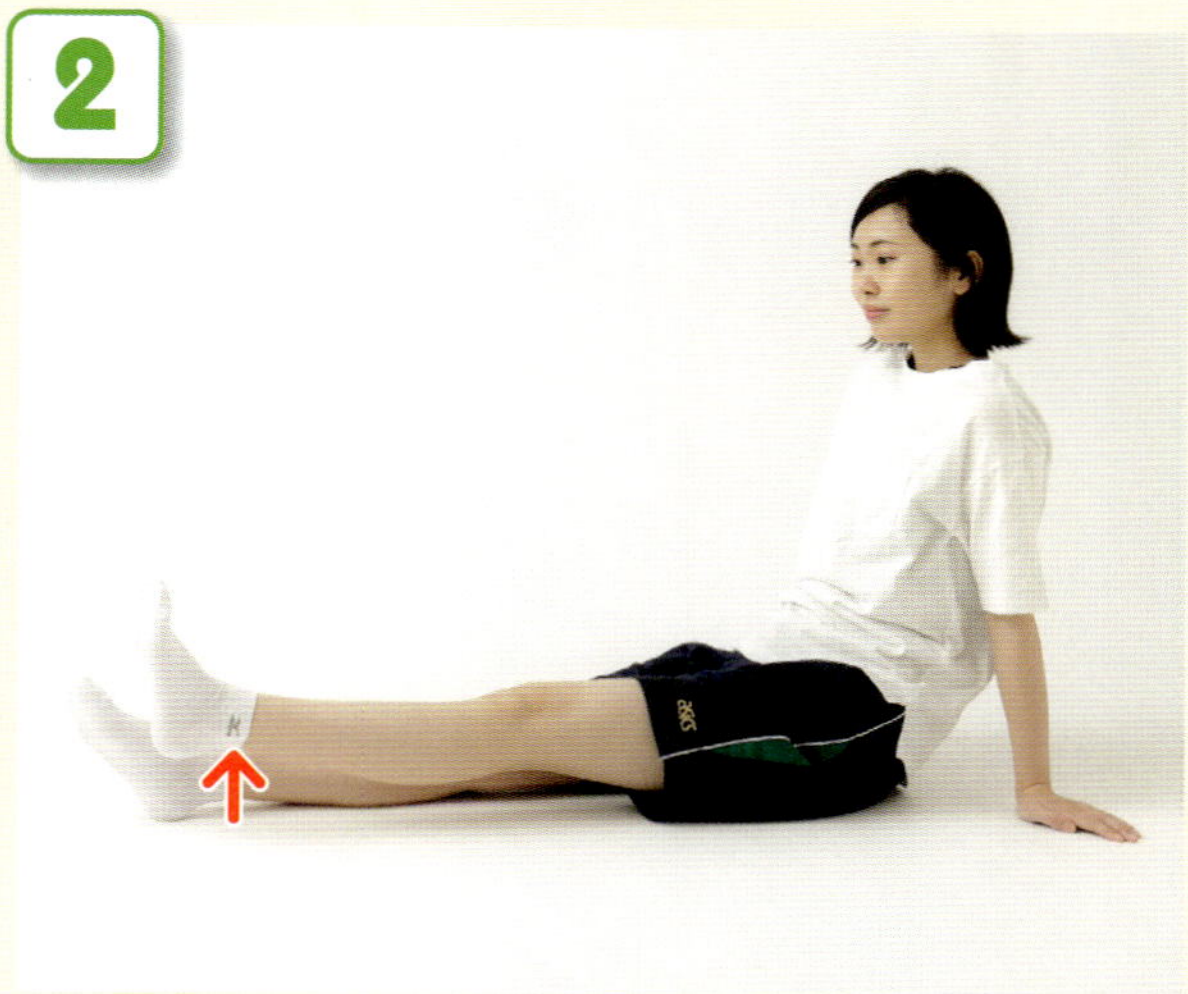

3

脚を元に戻し、逆の脚でも行う

2で上げた脚は、その状態を保持する必要はありません。ゆっくりと元に戻し、逆の脚（ここでは右脚）で2から3を繰り返し行います。

声かけ例
反対の脚でも行ってみましょう

注意　後傾しない

この運動では、脚の付け根を支点にして脚を上げるため、どうしても上体が後ろに倒れがち（後傾）になってしまいます。これでは脚を上げても、十分な負荷となりません。

　そこで、上体が倒れてしまうようであれば、手を床に着いて後傾しないよう、上体を支えて行うよう指導しましょう。

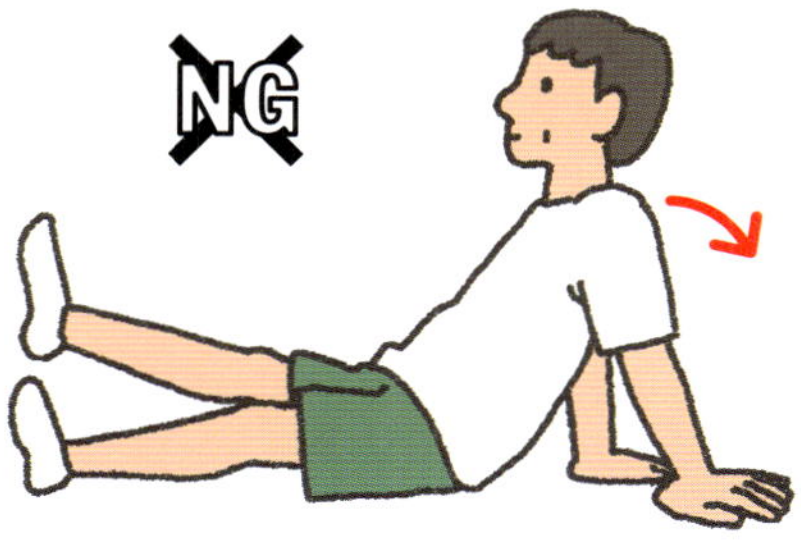

椅子からの立ち上がり

椅子の立ち座り動作を行い、歩行能力を改善させるとともに、転倒を予防する

　椅子に座る、椅子から立ち上がるといった動作は、日常で頻繁に行います。この動作では、主に大臀筋、大腿四頭筋、大腿二頭筋が使われていますが、これらの筋肉が衰えることで、立ったり座ったりする動作がスムーズにできなくなります。

　これらの筋肉は歩行や階段の昇り降りなどにも使用しているため、歩行能力や速度の低下、階段の昇り降りが困難、段差でつまずきやすくなるなど、さまざまな影響を及ぼします。

　椅子の座り立ち運動を行い、これらを改善・予防しましょう。

訓練部位

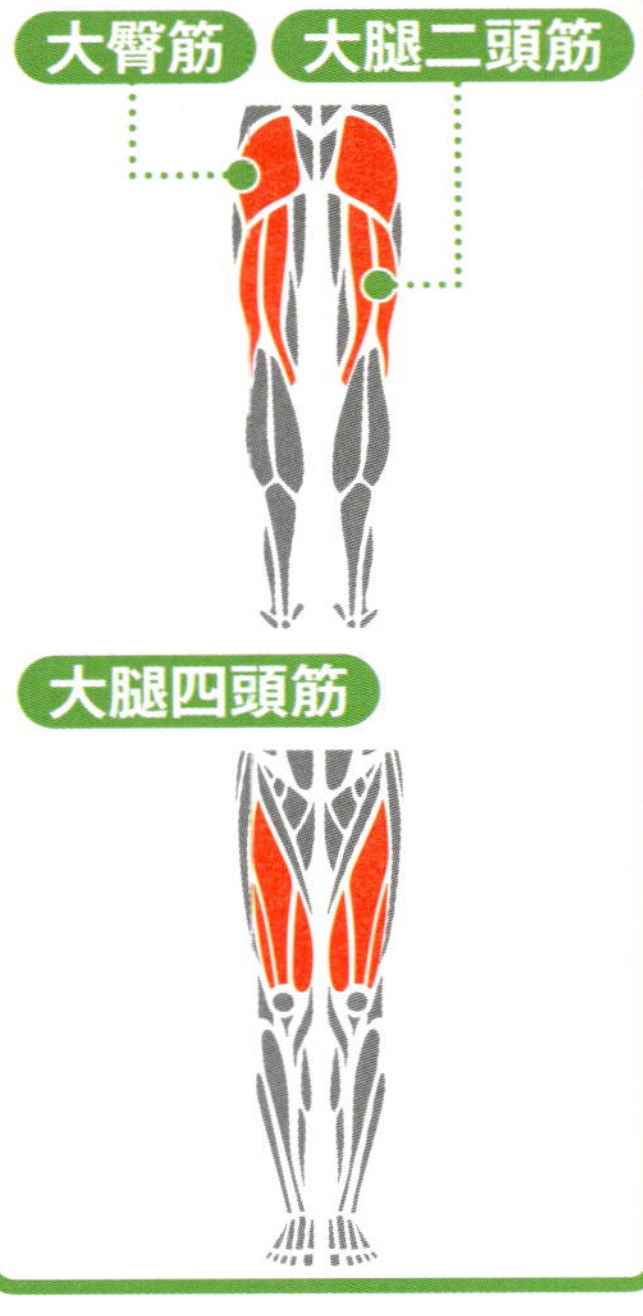

1

椅子に座る

椅子に座ります。このとき、無理に深く腰掛ける必要はありませんが、自然な体勢で座ります。

ポイント！　下肢全体を意識させる

　この運動では、臀部から太ももにかけての筋肉に負荷がかかりますが、下肢全体を使っているという感覚を意識するよう指導してください。また、立ち上がる際は、体を前傾させても構いません。

2 椅子から立ち上がる

[1]の状態から立ち上がります。このときは、自然な形で立ち上がることを心がけます。

声かけ例
椅子から立ちましょう

3 椅子に座る

[2]で立ち上がったら、次は自然な形で椅子に座ります。[1]同様、無理に深く腰掛ける必要はありません。

声かけ例
椅子に座りましょう

4 [2]と[3]を繰り返す

[2]の椅子から立ち上がる動作と、[3]の椅子に座る動作を繰り返します。回数の目安はありませんが、実施者がややきついと感じる回数まで繰り返します。

声かけ例
無理する必要はありません。ややきついと感じるまで繰り返してみましょう

注意 スクワットにならない

この運動では、スクワットのような脚に強い負荷のかかる動きは狙いとしていません。そのため、立ち上がる時は、通常、椅子から立ち上がるのと同様に、前屈みになり、膝に手を着くような形で行ってもらって結構です。

また、立つときは、中途半端に立たず、可能な限り膝をしっかり伸ばすことが重要です。真っ直ぐ立ち上がるまでを意識させましょう。ただし、膝関節に疾患を持っている方には無理をさせないでください。

ゴム（スポンジ）ボールを握る

ものを握る力を養い、ものを持ったりつかんだりする能力を改善する

腕橈骨筋は、物をつかむ、荷物を持つなど、普段何気なく行われている動作で使われています。この筋肉が衰えると、これらの能力が低下してきます。

ものを握る動作は、重いものを持てるといった力を必要とする能力とは異なります。瓶やペットボトルなど、当たり前のように持てるものが持てなくなってしまうという状態は、日常生活動作の低下を招く恐れがあり、避けなければなりません。

そこで、ゴムボールやスポンジなどを握る訓練を行い、ものを握る力を改善しましょう。

1

ゴムボールを持って椅子に座る

手でつかめる程度の大きさのゴムボールを持ち、椅子に座ります。ここでは片手（右手）で行っていますが、ゴムボールを２個用意できるなら、両手同時に行っても構いません。

注意 **手首の反動を使わない**

ボールを握るとき、手首を曲げ、反動を使って握ろうとしてしまうことがあります。握る・緩めるのスピードを速めようとすると、より顕著になります。これでは効果的な運動にはなりません。手首はなるべく動かさず、五指を動かす運動というよりは、五指でものを握るイメージで行うよう指導してください。

訓練部位

腕橈骨筋

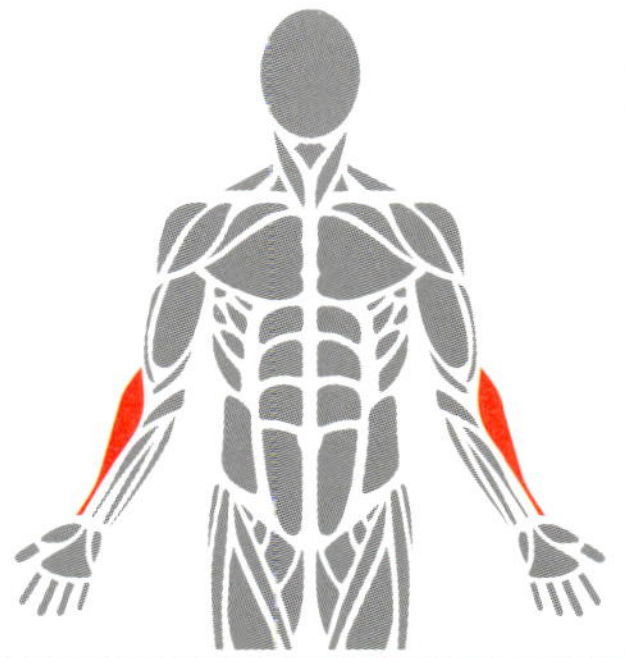

握ったり緩めたりする 2

①の状態から、手に持ったゴムボールを握ったり緩めたりを繰り返し行います。ややきついと感じるまで繰り返します。

声かけ例
何回も握ったり緩めたりしてみましょう

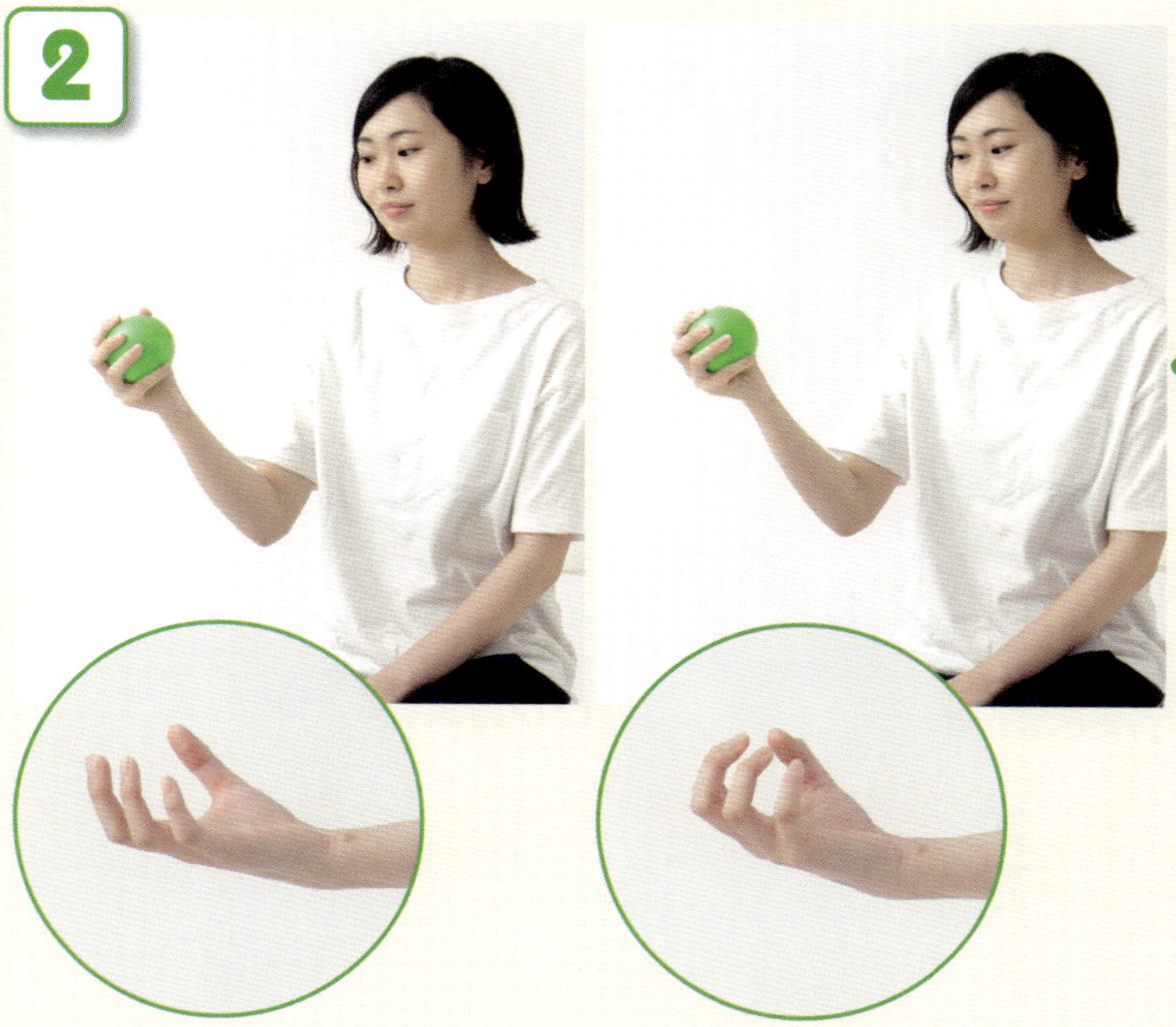

応用例

さまざまな姿勢で行う

この運動は、必ずしも椅子に座る必要はありません。立って行っても結構ですし、肘をついて楽な姿勢で行っても構いません。

また、ゴムボールが用意できない場合は、スポンジなどの柔らかいものでも代用できます。

ポイント！ 強く握らず何回も握る

この運動では、ゴムボールを強く握りしめる必要はありません。瞬発的な力の発揮ではなく、持久的な運動の繰り返しを行うよう指導しましょう。

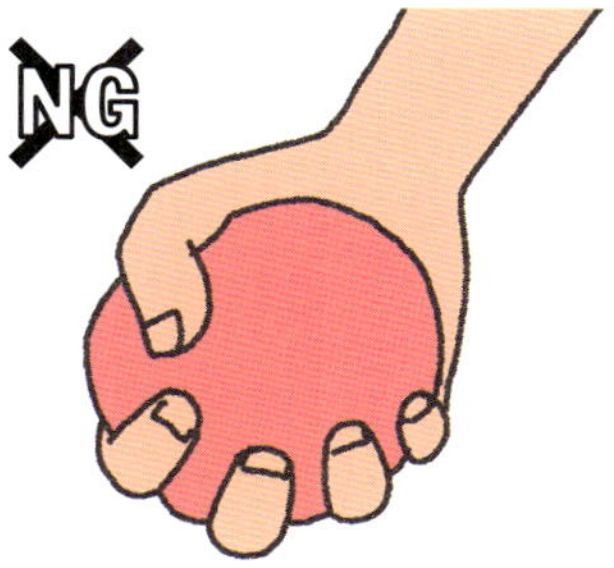

急に強く握り、繰り返し握らない

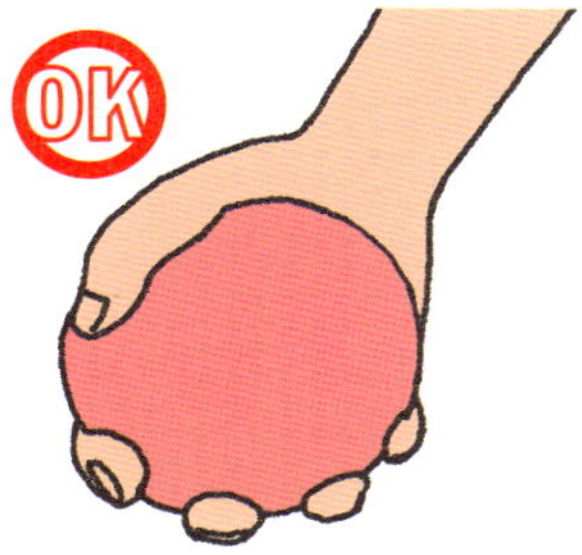

強く握らず、繰り返し握る

物体保持による腕の巻き上げ

重量のあるものを持って腕を巻き上げる運動を行い、ものを持つ筋力を養う

手でものをつかむことはもちろん、ある程度の重量のある荷物を持ったりする際、この上腕二頭筋が使われています。この筋肉は肘関節や肩関節を曲げる際に使用しており、衰えることで、ものが上手くつかめなくなったり、荷物が持てなくなるなどの恐れが出てきます。

特に中体力者においては、ある程度の負荷がかかる状況を作り、上腕二頭筋を訓練していきます。ここでは水を入れたペットボトル（1本約500グラム）を持ち、巻き上げる運動を行いましょう。

訓練部位

上腕二頭筋

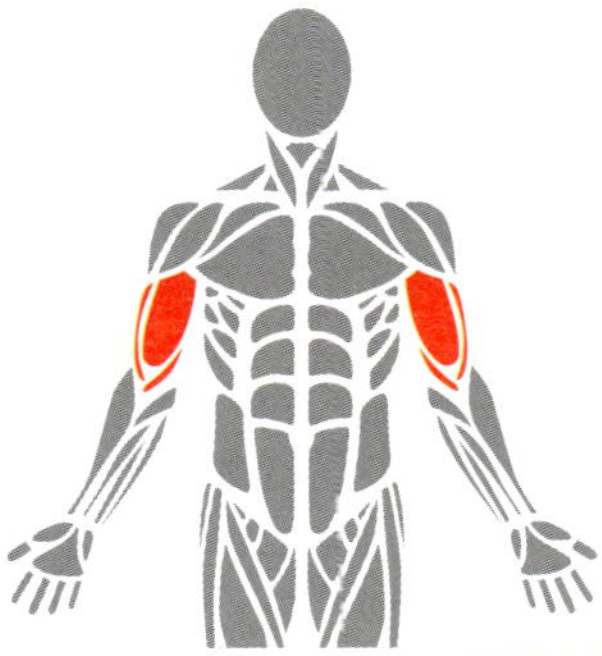

1

椅子に座り逆手でペットボトルを持つ

椅子に座り、片手でペットボトルを持ちます。その際、ペットボトルは手のひらを上に向けた、鉄棒における逆手で持っておきます。

ポイント！ 手のひらを上に向けて行う

手のひらを上に向けてペットボトルを持ちますが、手のひらが内側をむく（ペットボトルが立つ）ような持ち方になってしまうと、異なる筋肉のトレーニングになります。必ずペットボトルが寝ているような状態で、常に手のひらを上に向けて行うよう指導しましょう。

2

肘を固定して腕を巻き上げる

[1]の状態から腕を巻き上げていきます。このとき肘が動いてしまっては、効果的な運動になりません。肘を脇に当てて固定しておくと安定します。

> 声かけ例
> ペットボトルを腕で持ち上げましょう

3

肘を固定して腕を下ろす

[2]で肘を曲げきったら、その状態を保持する必要はありません。ゆっくり腕を下ろしていき、[1]の状態に戻ります。このときも肘が動かないよう注意しておきます。

> 声かけ例
> 上げたら下ろしていきます

4

[1]から[3]を繰り返し行う

[1]から[3]を繰り返し行います。回数の目安はありませんが、実施者がややきついと思う回数を繰り返します。

> 声かけ例
> 少しきつくなるまで繰り返してみましょう

注意　肘を動かさず、手首を使わない

この運動では、肘が動いてしまうと効果的な運動とはなりません。支点を動かさずに腕を巻き上げることが重要なので、どうしても肘が動いてしまう場合は、脇を締め肘を脇に当てて固定するよう指導してください。また、巻き上げの際、手首を使って巻き上げないよう注意しましょう。

NG

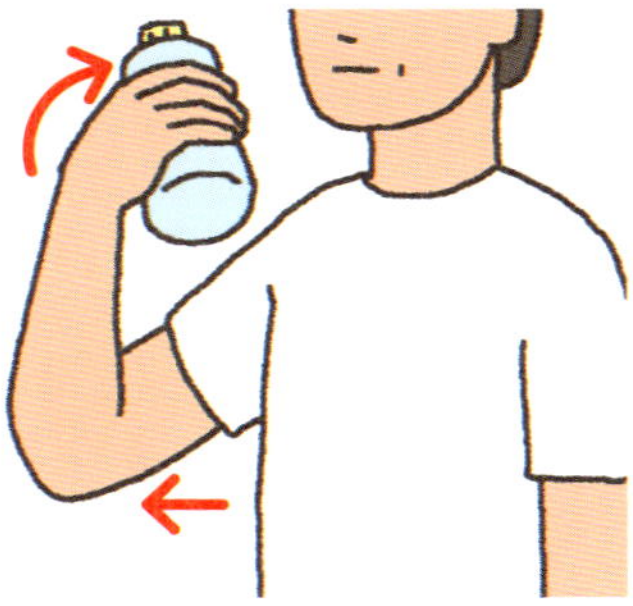

肘が動き、手首を使って巻き上げてしまう

物体保持による腕の上方引き上げ

ものを引き付ける力を養い、扉やタンスなどを手前に引く能力を改善する

1 椅子に座りペットボトルを持つ

椅子に座り、片手（ここでは右手）でペットボトルを持ちます。

2 腕を上げて肘を曲げ、もう一方の腕で肘を押さえる

1の状態からペットボトルを持っている腕を上げて肘を曲げます。同時に、もう一方の手（ここでは左手）を右肘に当て、肘が動かないよう固定します。

上腕の背中側に位置する上腕三頭筋は、腕を引き付ける動きをする際に使用しています。この筋力が強ければ、当然、ものを引き付ける力が強くなりますが、衰えてくると引き付ける力が弱くなります。私生活では、たとえば扉を引いたり、タンスの引き出しを手前に引き出したりする動きになりますが、これらがスムーズに行えなくなる可能性が高くなります。

　そこで、中体力者であれば、重量のあるものを持ち、ある程度の負荷をかけた状態で、この筋肉を鍛えていきましょう。

訓練部位

上腕三頭筋

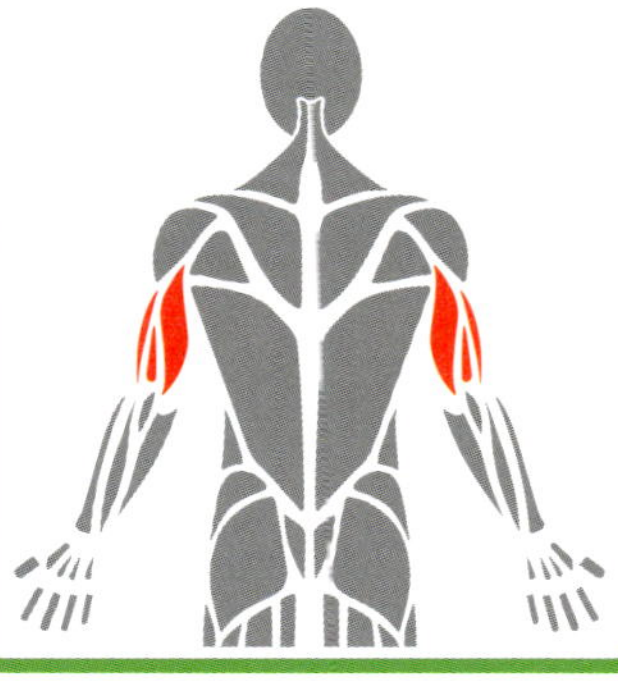

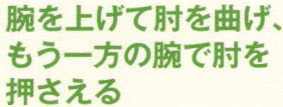

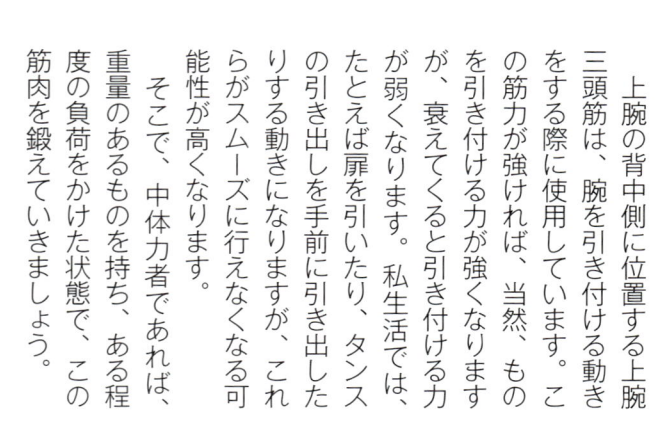

3

肘を伸ばしてペットボトルを上方に引き上げる

②の状態から、肘を伸ばしていきペットボトルを上に引き上げていきます。

声かけ例
ペットボトルを上に上げましょう

4

ゆっくり②に戻る

③で肘をまっすぐ伸ばしたら、その状態を保持する必要はありません。ゆっくり肘を曲げていき、②の状態に戻ります。

声かけ例
肘を曲げていき、元の状態に戻りましょう

5

②から④を繰り返し行う

②から④を繰り返し行います。回数の目安はありませんが、実施者がややきついと思う回数を繰り返し、腕を替えて同じ運動を行います。

声かけ例
少しきつくなるまで繰り返してみましょう

ポイント！ 負荷がかかっていることを意識する

この運動は、普段の生活ではあまり行うことのない動きなので、負荷がかかっていることを感じやすいでしょう。それでも、上腕三頭筋（二の腕）にしっかりと負荷がかかっていることを意識するよう指導してください。

注意 肘が動くと効果的でなくなる

この運動では、肘が動いてしまうと、効果的な運動とはなりません。解説したように、必ずもう一方の手を肘に当て、肘が前（下）に動かないよう固定して行ってください。

また、脇が開き肘が外を向いてしまっても、効果的な運動とはならなくなります。肘に当てた手で、前だけでなく、脇が開き肘が外を向かないようにすることも意識しておくよう指導しましょう。

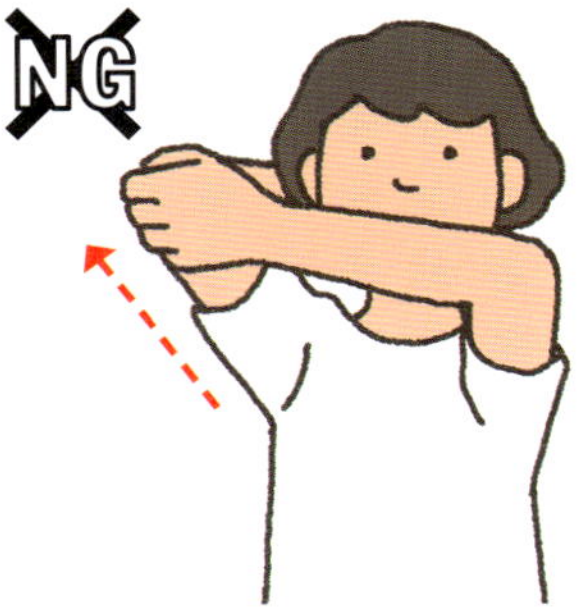

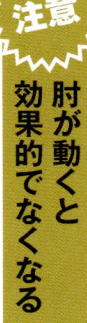

案山子（かかし）の腕

自分の腕を負荷にして、腕を上げる訓練を行い、ものを持ち上げる能力を改善する

肩を覆う三角筋は、肩から先の腕の動作に大きく関連しています。特にものを持っている腕を上げたり下げたりする際には、単なる上下動だけではなく、重さを支える働きも伴っています。そのため、この筋肉が衰えると、ものを持ち上げたり運んだりすることが困難になります。日常生活では、布団の上げ下ろしなどが該当します。

そこで、腕を上げてその姿勢を保持する運動を行い、三角筋を鍛えていきます。負荷が弱いようなら、ペットボトルなどを持って行ってもいいでしょう。

訓練部位

三角筋

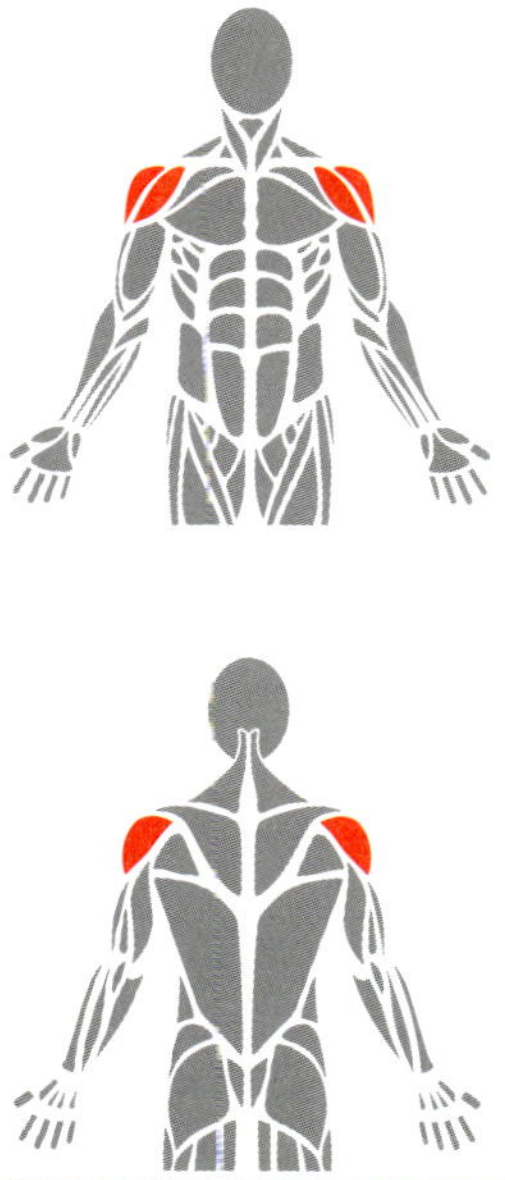

1

姿勢を正して椅子に座る

背筋を伸ばし、姿勢を正して椅子に座ります。

ポイント！ 連続運動で行ってみる

ここでは上げた腕を一定時間保持していますが、動きを止めて保持することなく、上げ下ろしの連続運動として行ってもよいでしょう。この場合は、実施者がややきついと感じる回数を、繰り返し行います。日によって方法を替えながら行ってもよいでしょう。

2

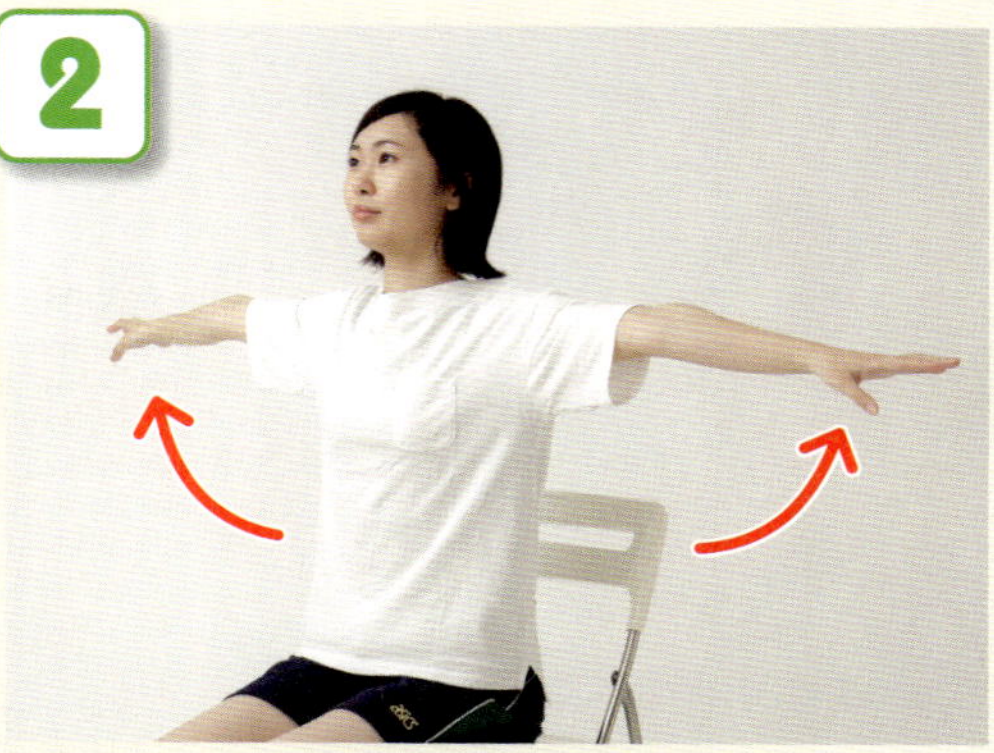

両腕を肩の高さまで上げる

1の状態から両腕を肩の高さまで横に上げていきます。このとき手のひらが下を向くようにします。また、肘や手首は曲げず、平行になるようにしておきます

声かけ例
両腕を肩の高さまで上げていきましょう

3

一定時間、腕を上げ続ける

2の状態で一定時間、両腕を上げ続けます。10秒程度を目安としてください。

声かけ例
10秒くらい頑張ってみましょう

4

両腕を元に戻し、繰り返し行う

上げていた両腕をゆっくり元に戻し、繰り返し行います。可能であれば3回程度行ってください。

声かけ例
3回頑張ってみましょう

応用例

ペットボトル等を持って行う

　ここでは自分の腕の重さを負荷に利用しましたが、それではあまり負荷が感じられないなど、実施者が高体力の場合は、ペットボトルなどを持って行ってもいいでしょう。水の量を調節すれば、負荷も自由に変えられます。

注意

肩の高さ以上に上げない

この運動では、腕を肩の高さまで上げていますが、それ以上には上げないよう注意してください。肩より高く上げても筋肉に対する負荷は変わりません。
　また、実施者が肩痛などを持っている場合は、無理に肩の高さまで上げる必要はありません。

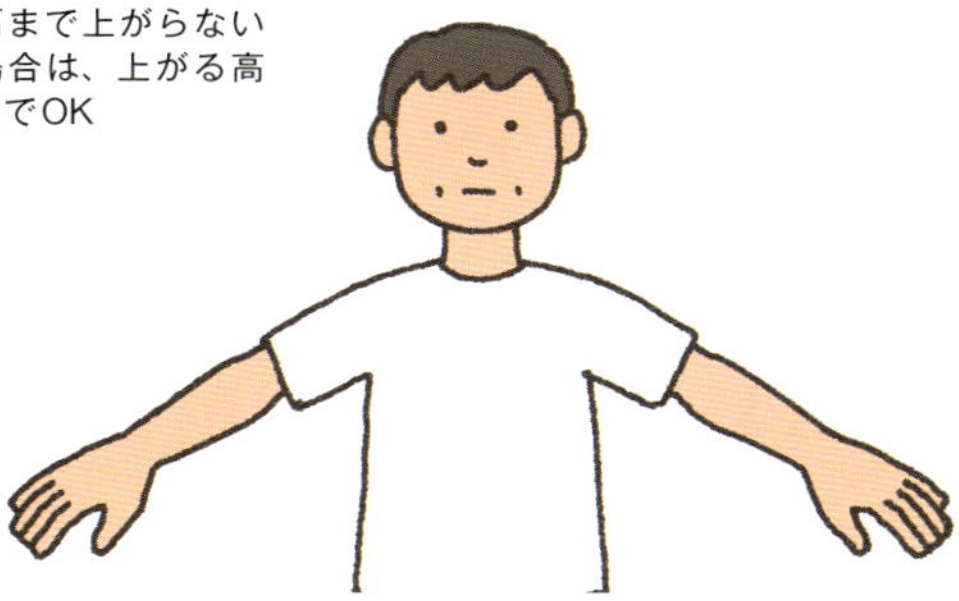

肩まで上がらない場合は、上がる高さでOK

膝着き腕立て伏せ

上体を起こす筋肉を鍛え、寝姿勢からの起床をスムーズにする

大胸筋、三角筋および上腕三頭筋は、腕で行う様々な運動に関与していますが、この筋肉が低下してくると、寝姿勢からスムーズに起きられなくなってきます。寝姿勢から起き上がる場合、腹筋等を使って上半身を起こすことはなく、通常は腕を使って上半身を起こそうとするためです。

　起床時に起きるのが困難になってくると、介護につながる可能性が高くなります。膝を床に着けた楽な状態で、腕立て伏せを行いましょう。

訓練部位

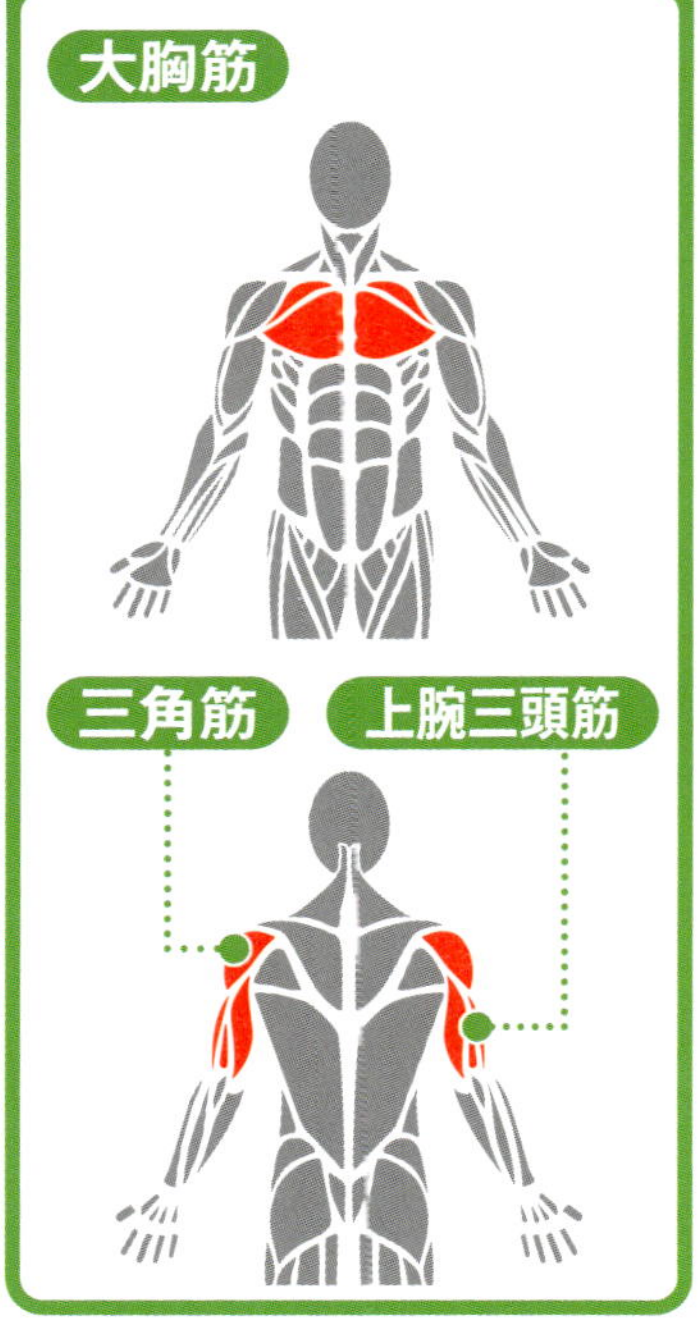

1

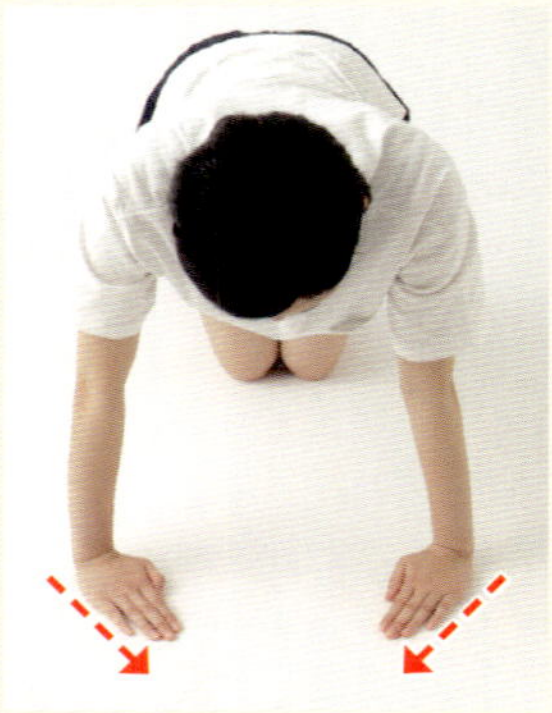

両膝と両手を床に着けて準備する

両膝を床に着け、腕を伸ばした状態で床に着けます。このとき両腕は肩幅に開き、手はハの字になるように床に着けます。

ポイント！ 背をまっすぐにして行う

　この運動では、筋力が弱っている人ほど、背中を丸めて行ってしまう傾向にあります。必ず背中をまっすぐに伸ばして行うようにしましょう。

2 腕を曲げて腕立て伏せを行う

①の状態から肘を曲げていき、腕立て伏せを行います。このとき、胸を床面ぎりぎりまで曲げる必要はありません。可能な範囲で上体が支えられる程度に曲げるよう指導します。

声かけ例
身体を支えられる範囲で肘を曲げてみましょう

3 腕を伸ばして状態を元に戻す

腕をゆっくり伸ばしていき、①の状態に戻していきます。

声かけ例
ゆっくり元の状態に戻りましょう

注意 反動をつけて行わない

高体力者などは特に、勢いよく肘を曲げていき、反動を使って起き上がろうとすることがあります。曲げた状態で一呼吸、戻した状態で一呼吸するようなイメージで行うよう指導しましょう。

4 ②と③を繰り返す

①の状態に戻り、②と③の運動を繰り返し行います。

応用 手の位置を変えて行う

この運動では、基本は手を肩幅に開いて床に着けますが、肩幅よりも広く開いた場合は、大胸筋への負荷が増します。逆に、肩幅よりも狭くした場合は、上腕三頭筋に負荷がかかるため、主にトレーニングしたい部位を変えて行うことも可能です。

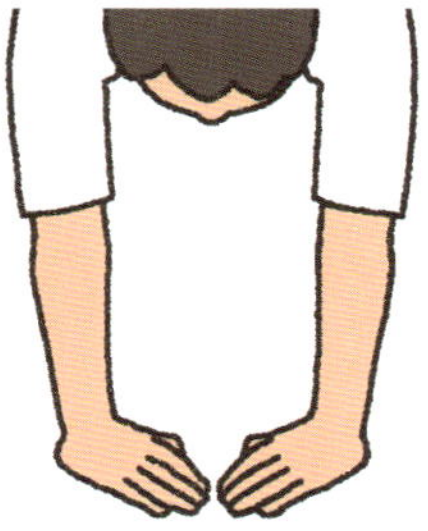

上腕三頭筋への負荷が増す

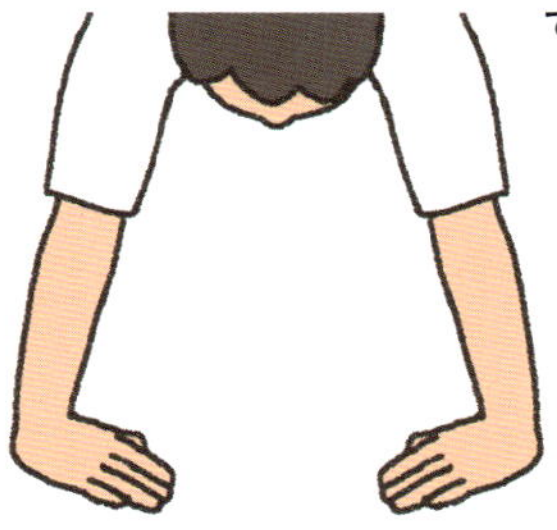

大胸筋への負荷が増す

膝を曲げて脚挙げ

自分の脚を負荷にして、脚を上げて腹直筋を鍛え、呼吸や腰痛を予防・改善する

1

脚を揃えて仰向けに寝る

仰向けに寝ます。このとき脚を揃えて膝を曲げ、立膝の状態にしておきます。同時に、両腕は伸ばした状態で、手のひらを床に当てておきます。

注意　腰痛に注意しておく

この運動は、脚を伸ばした状態で行うと、腰痛を引き起こす危険性があるので、必ず脚を曲げた状態で行ってください。

また、仰向けに寝たとき、腰痛の症状がある方には、指導を控えるほうがよいでしょう。

腹直筋は、呼吸に関わる筋肉です。また、体幹の筋肉なので、衰えると上半身を支える力が弱くなるため、姿勢が悪くなり、結果的に腰痛を引き起こすリスクも高くなります。同時に、姿勢の悪さは、腰痛だけでなく肩こりの原因にもなります。

そこで、腹直筋を鍛えて呼吸をスムーズにしたり、腰痛や肩こりの予防、改善を図りましょう。ここでは、寝姿勢で自分の下肢を負荷にして、脚を上げる運動を行います。負荷が大きすぎる場合は、補助してもらいながら行っても構いません。

訓練部位

腹直筋

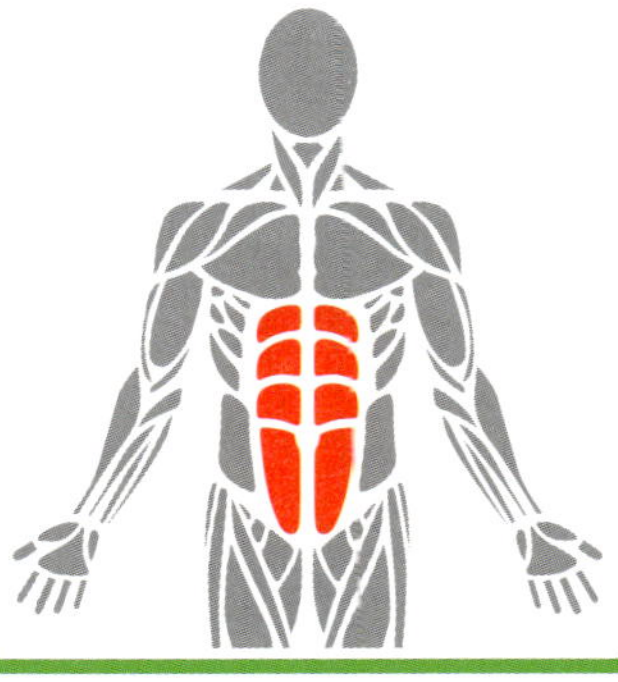

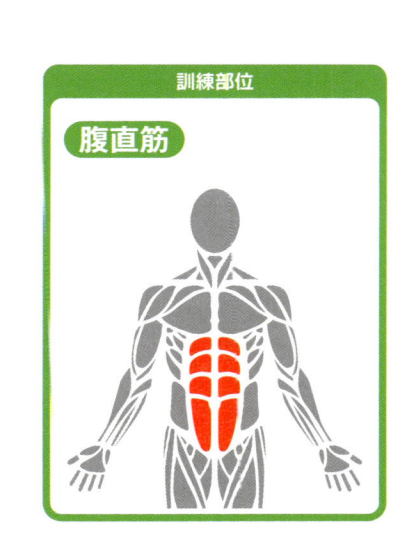

2

脚を上げて引き寄せる

[1]の状態から脚を揃えたまま、脚を上げていきます。同時に、膝を自分の方に引き寄せます。

> 声かけ例
> 膝を曲げて自分の方に引き寄せましょう

3

脚を浮かせたまま膝を伸ばしていく

[2]の状態から、脚を浮かせたままゆっくり膝を伸ばしていきます。ただし、脚がまっすぐになるまでは伸ばしません。

> 声かけ例
> 脚を浮かせたまま膝を伸ばしていきましょう

4

膝をくの字の状態にして止まる

[3]で膝を伸ばしていき、膝が写真と同じ程度の「くの字」の状態になったら、その状態を10秒程度保持します。

> 声かけ例
> 10秒頑張ってみましょう

5

[2]から[4]を繰り返す

[4]で10秒程度保持したら、ゆっくりと[2]に戻り、[4]までを繰り返します。できれば2、3回繰り返します。

> 声かけ例
> 数回繰り返してみましょう

ポイント！ パートナーに補助してもらう

この運動は、実際に行ってみると、特に慣れるまではきついと感じるかもしれません。その場合、無理に行うのではなく、パートナーなどに補助してもらい、少し負荷を弱めるなどの工夫をしてみましょう。効果的に実践することが可能となります。

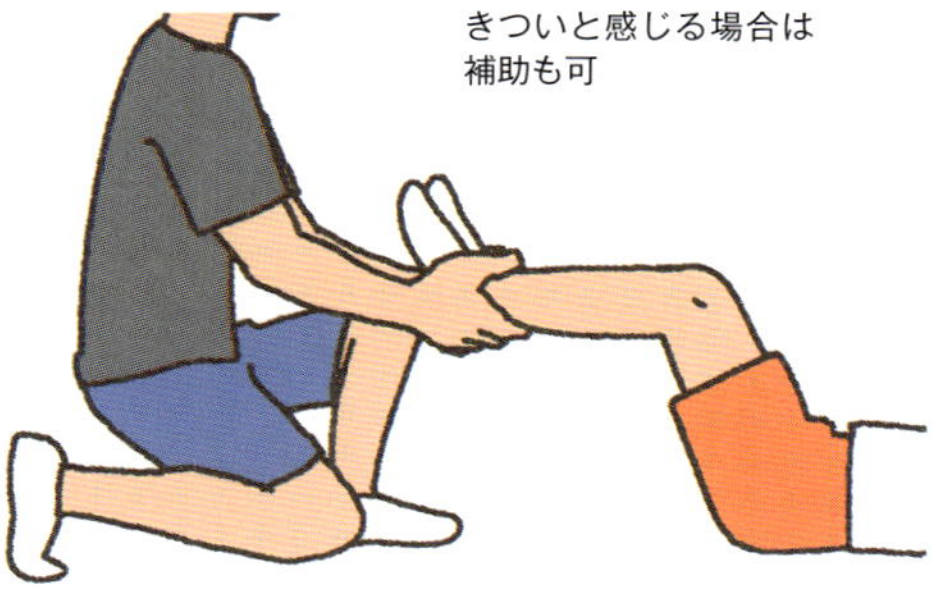

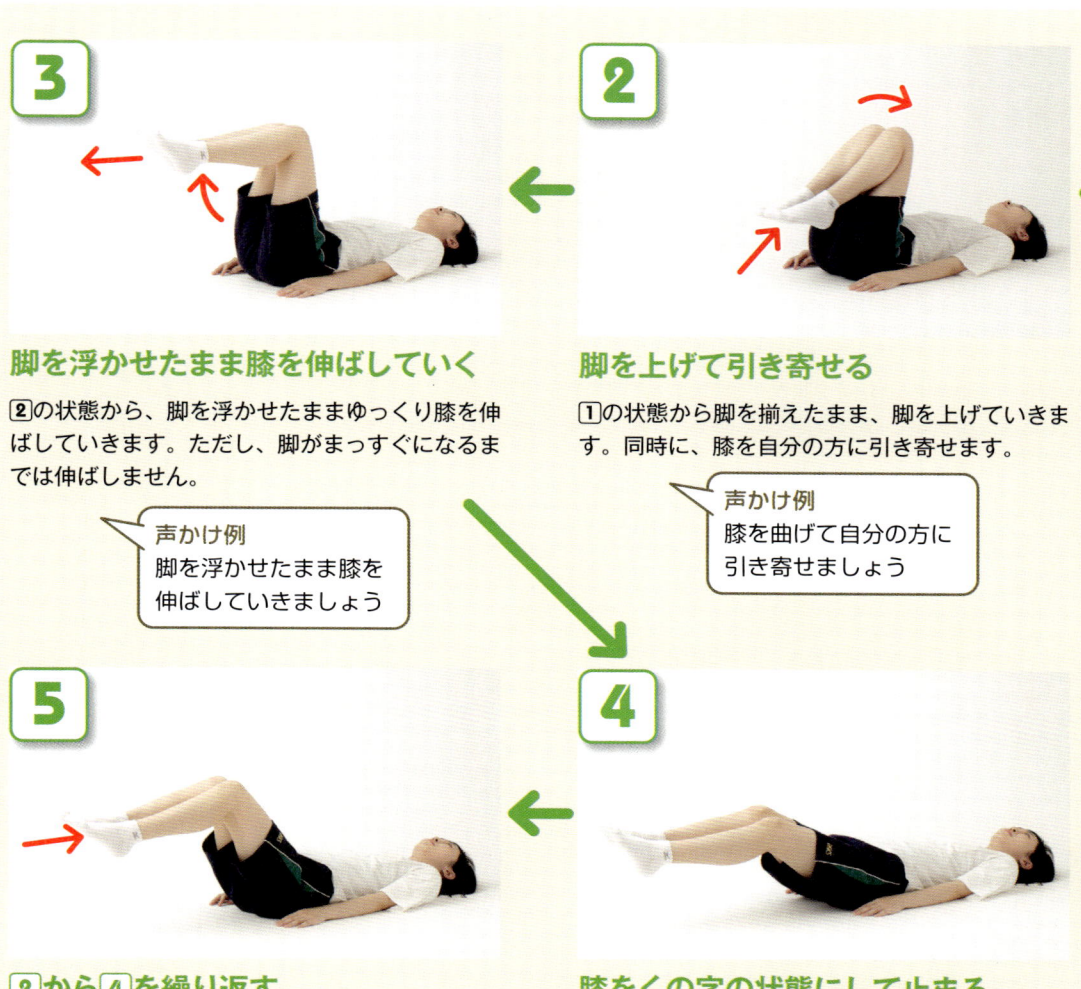

腹臥位で腕と脚の挙上

うつ伏せで腕と脚を持ち上げて、背中の筋肉を鍛え、姿勢の改善と肩こりを予防する

広背筋は文字通り背中を広く覆う筋肉で、脇の下から脇腹付近にかけての背中側に位置しています。この筋肉は肩甲骨を引き寄せたり背骨を支える働きがあるため、衰えると姿勢が悪くなり、腰痛を引き起こすリスクが高くなります。また、血行が悪くなると、肩こりにもつながります。

この筋肉を鍛える方法として、うつ伏せ状態から左腕と右脚、右腕と左脚の組み合わせで、床から持ち上げる運動があります。

訓練部位

広背筋

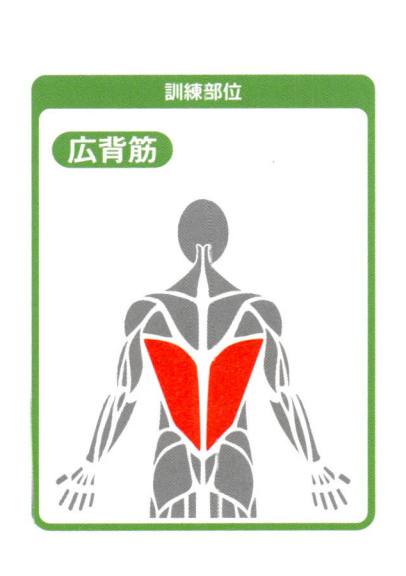

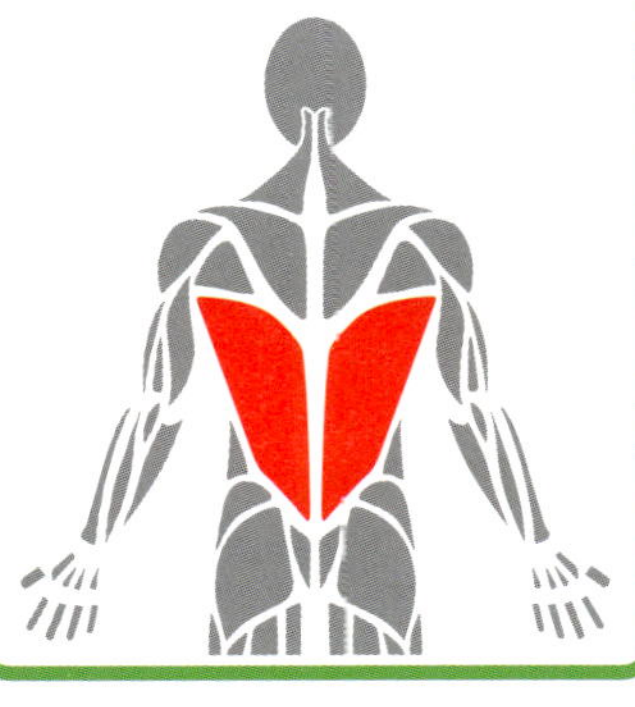

1

万歳の状態でうつ伏せに寝る

両腕を伸ばし、万歳の状態でうつ伏せに寝ます。指は自然に伸ばし手のひらを床に向け、脚は足首を伸ばして足の甲を床に向けておきます。

2

右腕と左脚を床から浮かせて上げる

1の状態から片腕（ここでは右腕）と片脚（ここでは左脚）を浮かせます。腕は肩から先の全体を、脚は脚の付け根から先の全体を浮かせます。このとき、浮かせた指先はなるべく前に、浮かせたつま先はなるべく後ろに行くよう、両端が引っ張られているようなイメージで行います。

声かけ例
浮かせた腕と脚の両端で引っ張り合いましょう

3 一定時間、体勢を保持する

2の状態で、一定時間、その体勢を保持します。高負荷なので、2、3秒で結構です。

> 声かけ例
> 数秒我慢してみましょう

4 1に戻り、逆の組み合わせで行う

ゆっくりと1の状態に戻り、逆の組み合わせ（ここでは左腕と右脚）で2と3を行います。

> 声かけ例
> 反対の腕と脚でやってみましょう

5

左右交互に数回繰り返す

2から3を左右交互に、数回行います。目安はありませんが、実施者がややきついと感じる程度の回数を繰り返してください。

> 声かけ例
> ややきついと感じるまで頑張ってみましょう

注意 顔を上げて行わない

この運動では、顔、特に顎を上げて行わないように注意してください。うつ伏せ状態のときのままの顔の角度で行いましょう。

また、腰痛をお持ちの方には、指導を控えるほうがよいでしょう。

ポイント！ 腕と脚は可能な限り遠ざける

この運動で上げた腕と脚は、単に上げた（浮かせた）だけでは、広背筋に十分な負荷がかかりません。上げた際は、その位置から指先はより前方に、つま先はより後方に、両端で引っ張り合うようなイメージで行なうとよいでしょう。

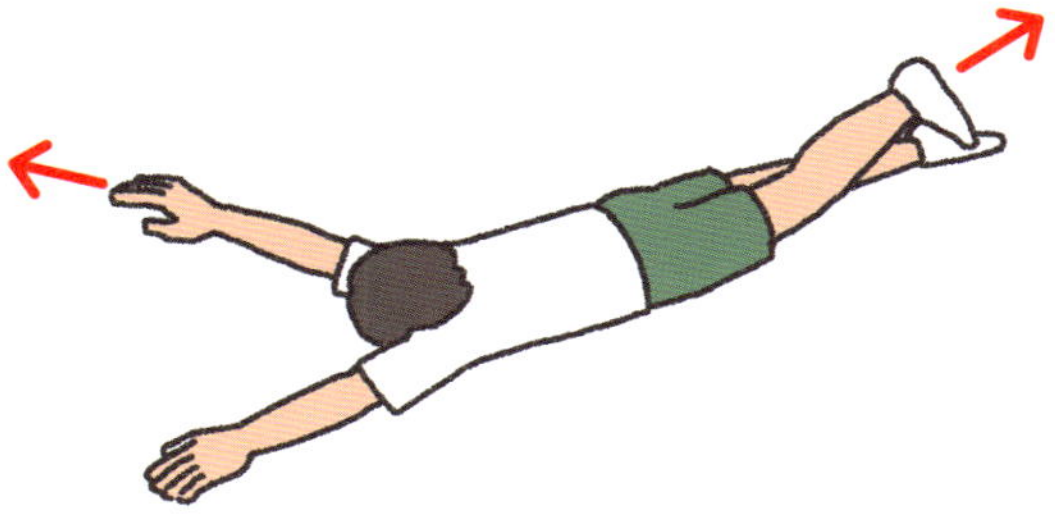

COLUMN

筋力訓練における疾病や怪我の予防

本書は、筋力訓練で筋力や筋持久力の維持・改善を目指しつつ、介護を予防することを前提として記述しています。しかし、訓練そのものが、疾病や怪我の予防につながることも知っておいてください。例えば、糖尿病の患者さんに対しては、血糖値を下げるインスリンというホルモンの作用が高くなったり、肥満の方に対しては、代謝機能が改善することで体脂肪率を下げたり、骨粗鬆症や腰痛の方に対しては、そのリスクを減らしたりすることも期待できます。

さらに、これまでは勧められないと言われてきた高血圧の患者さんに対しても、低負荷での訓練を継続することで、血圧が安定するということもさまざまな研究でわかってきました。これらの疾患は生活習慣病と言われているもので、現在では、介護とも切り離せないことが明らかとなっています。

介護になる原因としては、圧倒的に認知症や脳血管疾患が多いのが現状です（表参照）。しかし近年では、関節疾患、高齢による衰弱、さらには骨折転倒が増えています。これらは概ね体力の低下によるものであり、特に筋力の低下が著しいことが指摘されています。したがって、筋力訓練は疾病や怪我の予防に加え、介護の予防も含まれていることを認識しておく必要があります。

要介護度別にみた介護が必要となった原因

平成28年

要介護度	第1位		第2位		第3位	
総　　数	認知症	18.0	脳血管疾患（脳卒中）	16.6	高齢による衰弱	13.3
要支援者	関節疾患	17.2	高齢による衰弱	16.2	骨折・転倒	15.2
要支援1	関節疾患	20.0	高齢による衰弱	18.4	脳血管疾患（脳卒中）	11.5
要支援2	骨折・転倒	18.4	関節疾患	14.7	脳血管疾患（脳卒中）	14.6
要介護者	認知症	24.8	脳血管疾患（脳卒中）	18.4	高齢による衰弱	12.1
要介護1	認知症	24.8	高齢による衰弱	13.6	脳血管疾患（脳卒中）	11.9
要介護2	認知症	22.8	脳血管疾患（脳卒中）	17.9	高齢による衰弱	13.3
要介護3	認知症	30.3	脳血管疾患（脳卒中）	19.8	高齢による衰弱	12.8
要介護4	認知症	25.4	脳血管疾患（脳卒中）	23.1	骨折・転倒	12.0
要介護5	脳血管疾患（脳卒中）	30.8	認知症	20.4	骨折・転倒	10.2

注：熊本県を除いたものである

厚生労働省

高体力者

片脚立ちで足指ジャンケン

つま先立ち

スクワット（かがむ）

フロントランジ（片脚突き出し）

ヒップレイズ

物体保持による手首の巻き上げ

自重による腕の巻き上げ

物体保持による腕の引き上げ

肘の曲げ伸ばし（両腕同時）

くの字腕立て伏せ

腕立て伏せ

膝の胸への引きつけ

膝を立てた上体起こし

腕とかかとで体幹保持
（ハイバースプランク）

肘をついたブリッジ

片脚立ちで足指ジャンケン

足の指でジャンケンを行い、床をしっかりと指で捉える能力を養い、立ち姿勢を安定させる

1 片脚で立ち、片脚を浮かせる

片脚で立ち（ここでは左脚で立ちます）、もう一方の脚を軽く膝を曲げて浮かせます。この際、両手は腰に当てておきます。

声かけ例
バランスに注意してください

2 足の指でグーを作る

1の状態から、浮かせた足の指でグーを作ります。

声かけ例
指を全部曲げてグーを作りましょう

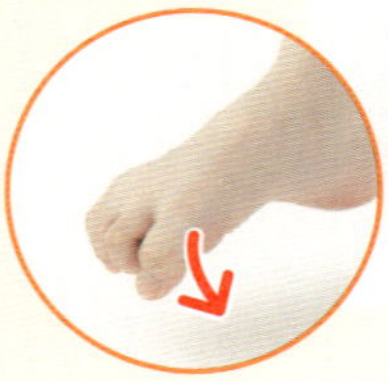

足の親指を除く四指を動かす際に使用している短趾伸筋は、単に指を動かすだけでなく、立ったり歩いたりするとき、姿勢が安定するよう床を捉える働きもあります。この筋肉が衰えると、地面をしっかりと指で捉えることができなくなり、立ち姿勢が安定しなくなります。高体力者であれば、衰えが著しいことはないと思われますが、普段あまり意識して動かすことのない筋肉でもあり、しっかり訓練しておくことが重要です。

ここでは片脚立ちで、指ジャンケンを行います。

訓練部位

短趾伸筋

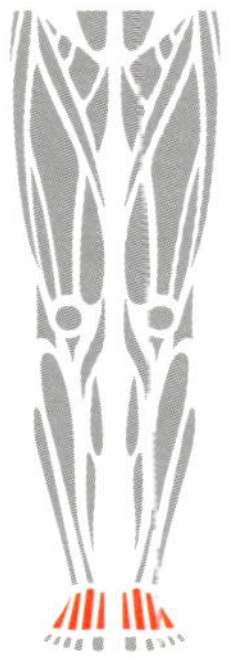

3 足の指でチョキ（親指上げ）を作る

次に足の指でチョキを作ります。ここでは親指を上に反り、四指を下に曲げます。

声かけ例
親指を上に反ってチョキを作りましょう

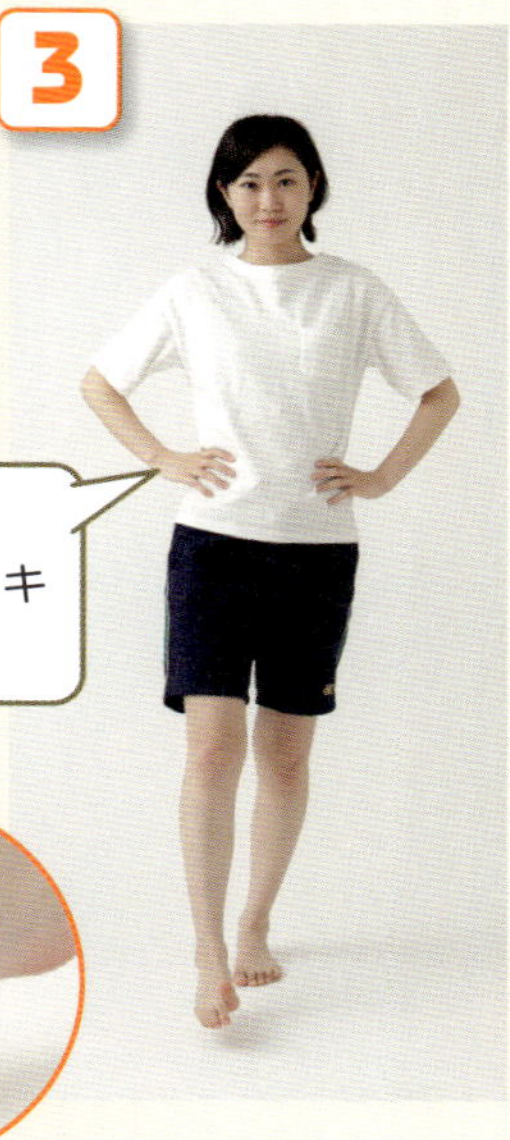

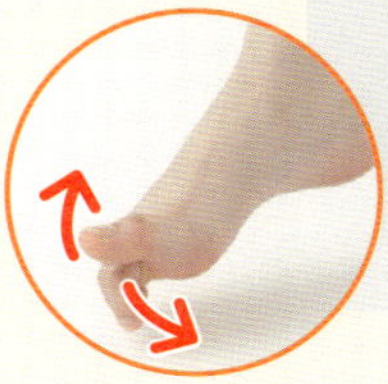

4 足の指でチョキ（親指下げ）を作る

次に足の指でチョキを作ります。ここでは親指を下に曲げ、四指を上に反ります。

声かけ例
次は親指を下に曲げてチョキを作ります

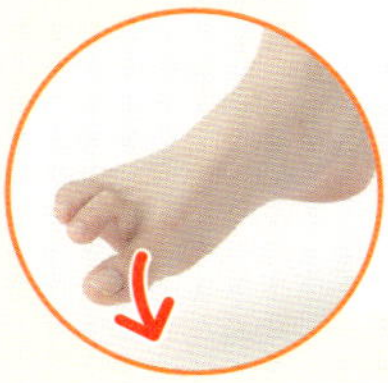

5 足の指でパーを作る

次に足の指すべてを広げてパーを作ります。パーを作ったら[1]に戻り、[2]から[5]を実施者がややきついと感じる程度まで繰り返します。

声かけ例
指を全部広げてパーを作ってみましょう

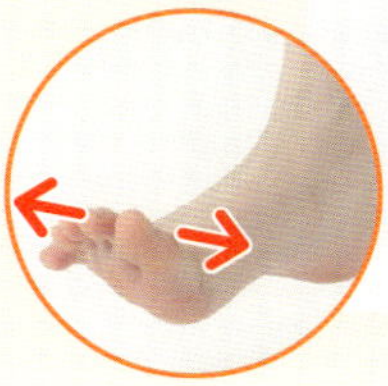

6 足を替えて行う

[5]でややきついと感じる程度まで繰り返し行ったら、足を替えて[1]から[5]を繰り返し行います。

ポイント！ 一つひとつの動きを正確に

足の指は、慣れないと動かしにくいと感じる方も多いと思いますが、適当に動かそうとせず、一つひとつの動きを正確に行うよう指導してください。正確に行うことができるのであれば、形を保持する必要はなく、次々と形を変えていっても構いません。

注意 バランスが保持できなければ補助者を置いて

この運動では、高体力者を前提にしているため、片脚立ちで行っています。もし片脚で立ったとき、バランスが保持できないようであれば、補助者を置いてください。最初から支えるのではなく、バランスを崩して倒れそうになった際、補助する役割です。

補助者を用意できないようであれば、倒れそうになったとき手を着けるよう、壁際などで行ってもいいでしょう。

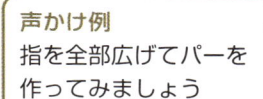

つま先立ち

片脚のつま先立ちでふくらはぎを鍛え、歩行時の蹴り出しと、立ち姿勢の安定を図る

1

壁に両手を当て、背筋を伸ばして立つ

バランスを取るため、壁に向かって立ち、壁に両手を当てておきます。このとき、姿勢を正して背筋を伸ばしておきます。

> 声かけ例
> 背筋を伸ばして行いましょう

2

片脚のかかとを浮かせてつま先立ちする

1の状態から、片脚（ここでは右脚）を前方に浮かせて左脚の片脚立ちになり、左脚でつま先立ちを行います。このとき、かかとを浮かせる意識ではなく、つま先で床を押すイメージで行うと、より負荷がかかります。なお、動きを止めて保持する必要はありません。

> 声かけ例
> つま先で床を押してつま先立ちしましょう

下腿三頭筋は、いわゆるふくらはぎで、腓腹筋とヒラメ筋の2つの筋肉で構成されています。この筋肉は歩行の際、かかとからの着地やつま先からの蹴り出しでも使用されています。そのため、衰えてくると歩く際の脚の着地や蹴り出しが上手くいかなくなるため、歩くことそのものが辛くなってきます。さらには、立ち姿勢も不安定になりがちです。

　ここでは高体力者を前提に、負荷を高めた片脚でのつま先立ちを行い、これらの予防と改善を図りましょう。

訓練部位

下腿三頭筋
（腓腹筋・ヒラメ筋）

3

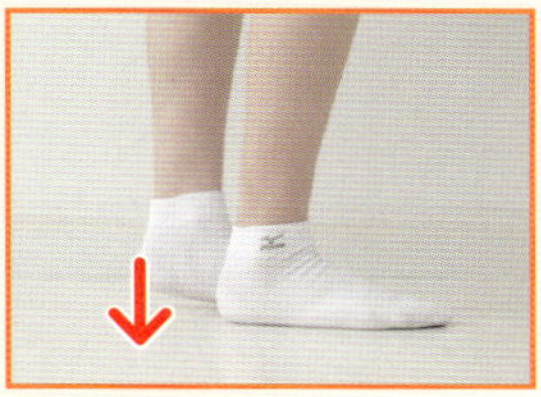

浮かせた脚を戻し、脚を入れ替える

②で浮かせていた右脚を元に戻します。同時に、つま先立ちしていたい左脚のかかとも下ろしていきますが、かかとは床に着けないようにします。

声かけ例
つま先立ちしていた脚のかかとは、下ろしても床に着けずに浮かせましょう

4

逆の脚で片脚のつま先立ちを行う

左脚を前方に浮かせながら、右脚でつま先立ちを行います。②同様、動きを止めて保持する必要はありませんので、③同様に、脚を入れ替えます。

声かけ例
反対の脚でつま先立ちしましょう

5

②から④を繰り返します

②から④を繰り返します。実施者がややきついと感じる程度まで繰り返し行います。

声かけ例
繰り返し行ってみましょう

注意 視線を落とすと腰が引ける

この運動では、足元を気にして視線を落とし気味になってしまう場合があります。視線が落ちると自然と腰が引け、効果的な運動とはなりません。

必ず視線を上げ、壁をまっすぐ見て行うよう注意してください。

応用例

腰に手を当てて行う

慣れてきたら、腰に手を当て、自力でバランスを取りながら行ってみます。その際、不安であれば、壁などの近くで行い、バランスが崩れた際、すぐに壁に手を当てられるようにしておくといいでしょう。

ポイント! かかとが床につく前に素早くつま先立ちする

この運動では、片方の脚でつま先立ちになり、かかとを下ろして床に着地させてからもう一方のかかとを上げていく、という動きになってはいけません。下ろしたかかとが床につく前に、素早くもう一方のかかとを浮かせるよう指導しましょう。

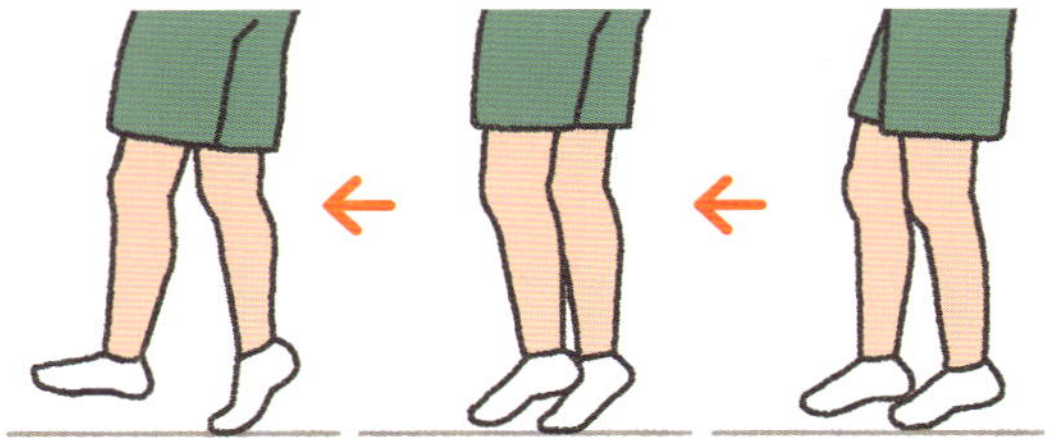

スクワット（かがむ）

立ち姿勢を安定させる筋肉を鍛え、歩行能力を改善させる

1

足を肩幅に開いて立つ

足を肩幅に開いて立ちます。このとき、つま先をやや外側に向けて逆ハの字にし、腕は肩の高さで前方に伸ばしておきます。手のひらは下でも横を向いていても構いません。目線は正面に向けておきます。

声かけ例
目線は下げないで正面を見たまま行いましょう

訓練部位

大腿四頭筋

大臀筋

大臀筋と大腿四頭筋は、立ち姿勢を安定させるために必要な筋肉です。この筋力が衰えてくると、立ち姿勢が安定しないだけでなく、長時間立っていることが辛くなります。

さらに筋力が衰えてしまうと、歩行がスムーズに行えなくなる、といった症状が現れる可能性があります。

大臀筋と大腿四頭筋をトレーニングするには、スクワットが最適です。膝を深く曲げて行う必要はありません。実施者が『ややきつい』と感じる程度で行いましょう。

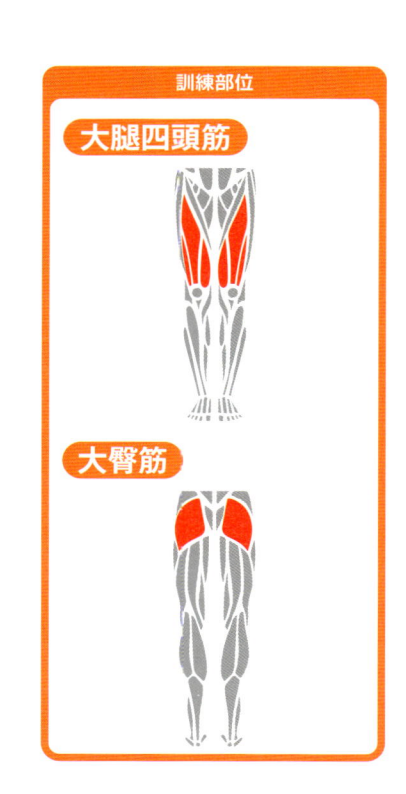

2

ゆっくりと腰を落としていく

①の状態から膝を曲げていきいます。このときは、膝を曲げるというより、お尻を後方に突き出しながら、腰を下に落としていくイメージで行います。

声かけ例
膝を曲げるのではなく、腰を下に落としていきましょう

3

『ややきつい』場所まで腰を落とす

徐々に腰を落としていき、実施者が『ややきつい』と感じる高さまで腰を落として膝を曲げていきます。

声かけ例
ややきついところまで曲げましょう

4

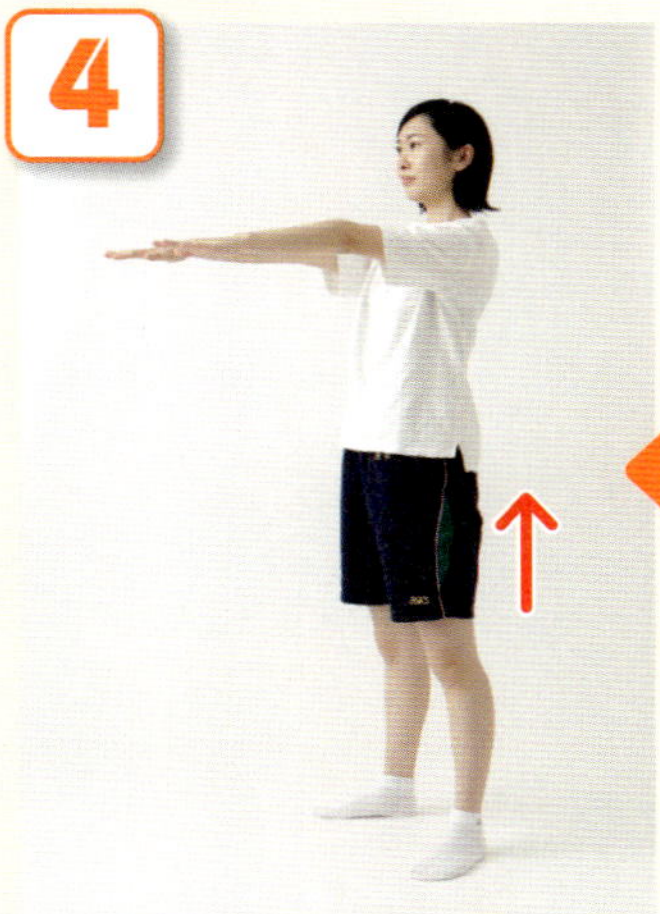

ゆっくりと元に戻り、②から④を繰り返す

ゆっくりと①の状態に戻り、②から④の運動を繰り返し行います。

声かけ例
ゆっくり戻りましょう

ポイント！ 可能な限り膝を曲げ腰を下げる

スクワットは負荷の大きいトレーニングです。しかし、大臀筋と大腿四頭筋を同時に鍛えるには最適なトレーニングです。可能な限り膝を曲げて腰を下げるように指導しましょう。

腰を落とす際、股関節の付け根から曲げていくよう指導するとよいでしょう。

注意 膝がつま先より前に出ない

この運動では、腰を落としていくと解説しましたが、膝を曲げようとしてしまうと、膝がつま先よりも前に出てしまいます。足首を曲げず、膝が前に出て行かないように行うことが重要です。

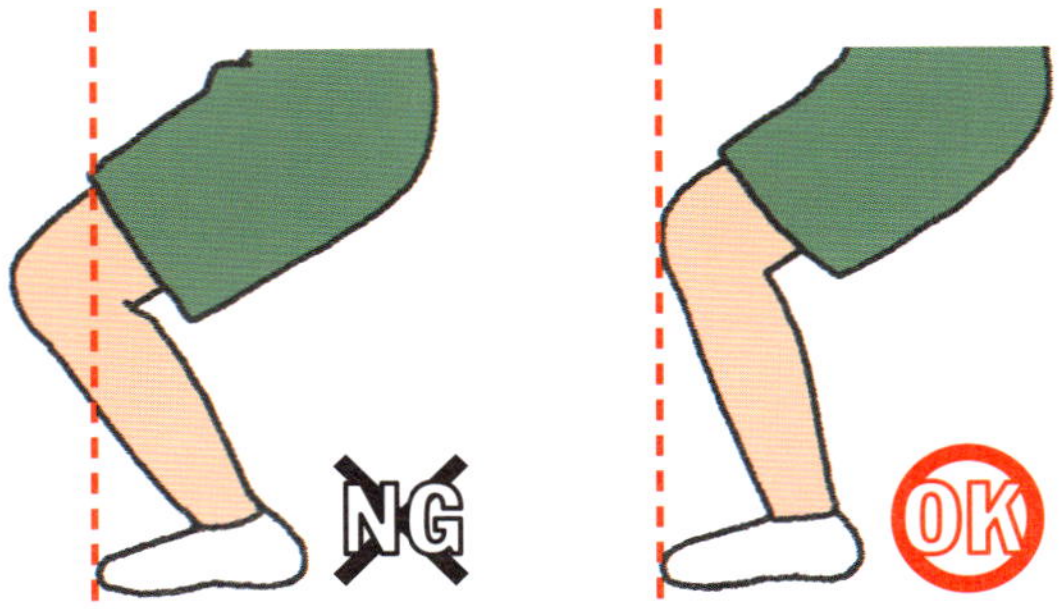

フロントランジ（片脚突き出し）

立ち姿勢時のバランスを安定させ、歩行能力の改善と転倒を予防する

かかとを着けてまっすぐ立つ

両足のかかとを着けた状態で、まっすぐに立ちます。このとき、可能なら腕は腰に当てておきます。

片脚を前に踏み出す

1の状態から片脚（ここでは右脚ですが、左脚から始めても構いません）を前に踏み出します。踏み出す幅は、上体を保持できる程度で構いません。幅が広くなるほど、負荷は大きくなります。

> 声かけ例
> 片脚を軽く前に踏み出してみましょう

訓練部位

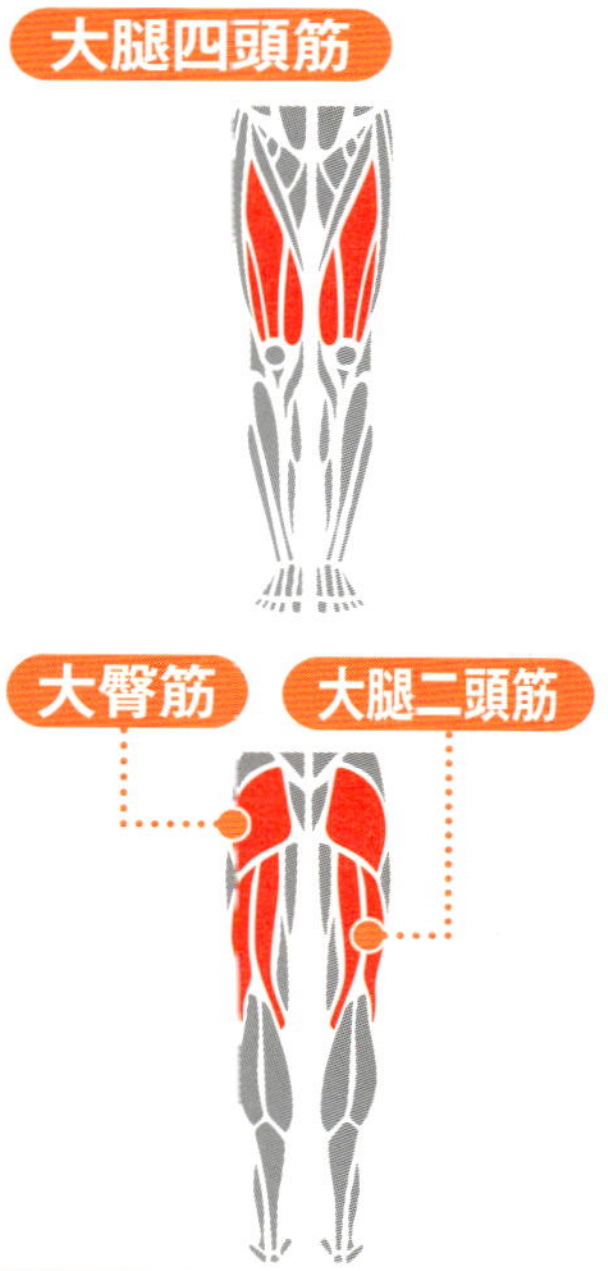

大臀筋、大腿四頭筋、大腿二頭筋が衰えると、立ち姿勢でのバランスを安定させにくくなり、歩行そのものもスムーズに行えなくなる可能性があります。いわゆる足腰が弱くなる状態となり、転倒しやすくなってしまうことにもつながります。

転倒は、下肢（特に大腿部頸部）や腕の骨折にもつながりかねません。体重を支える運動を行い、歩行時に自分の体重を支える筋力を養いましょう。それが踏ん張る力にもつながり、転倒予防にも役立ちます。

3

踏み出した脚を着地させ、上体を保持する

踏み出した脚を着地させるとき、後ろ脚は膝を曲げて、つま先を床に着けたままかかとを上げます。膝を下に落としていくイメージです。

> 声かけ例
> ゆっくり膝を下に落としていきます

4

ゆっくり元に戻る

ゆっくり1の状態に戻ります。

> 声かけ例
> ゆっくり戻りましょう

5

もう一方の脚で2から4を行う

4で元に戻ったら、逆の脚（ここでは左脚）で2から4の運動を行います。これを左右交互にややきついと感じるまで繰り返します。

> 声かけ例
> 反対の脚で行ってみましょう

応用例

安定しない場合は、壁などにつかまって行う

　前に踏み出す歩幅が狭いほど、負荷は小さくなります。最初は無理をせず、狭い歩幅から始めてみましょう。

　それでも踏み出したときにバランスを崩すようなら、壁に手を着いたり手すりなどに掴まって行っても構いません。

ポイント！　上体を起こしたまま行う

　この運動では、背筋を伸ばして上体を起こしたまま行います。前傾姿勢になってしまうと、上半身の体重が乗り切らず、訓練部位に十分な負荷がかかりません。踏み出す歩幅の広さに関わらず、上体を起こし、背筋を伸ばして行います。

　そのためには、脚を踏み出したとき、後ろ脚の膝を曲げ、膝を落とすようなイメージで行うとよいでしょう。前脚の膝を曲げる意識が強いと、上体が前に倒れやすくなってしまいます。

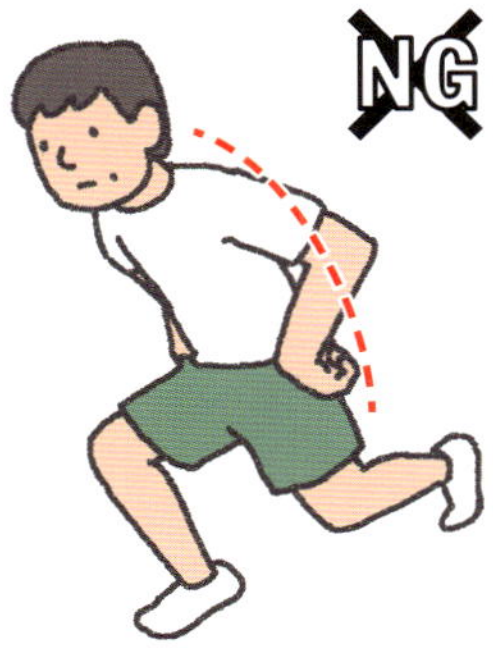

ヒップレイズ

お尻と太ももの筋肉を鍛え、歩行能力の改善や転倒予防、立ち姿勢の安定を図る

人が歩く際には、さまざまな筋肉を使用していますが、尻に位置している大臀筋と、ハムストリングスと呼ばれる太ももの裏側にある大腿二頭筋も重要な役目を果たしています。

これらの筋肉が衰えれば、歩行時の足の蹴り出しが弱くなり、立っているときの安定性も低下します。

ここでは、少しレベルの高い運動になりますが、高体力者向けに、この2つの筋肉を鍛える運動を行っていきます。腕の力も必要になりますが、無理をしないで行いましょう。

訓練部位

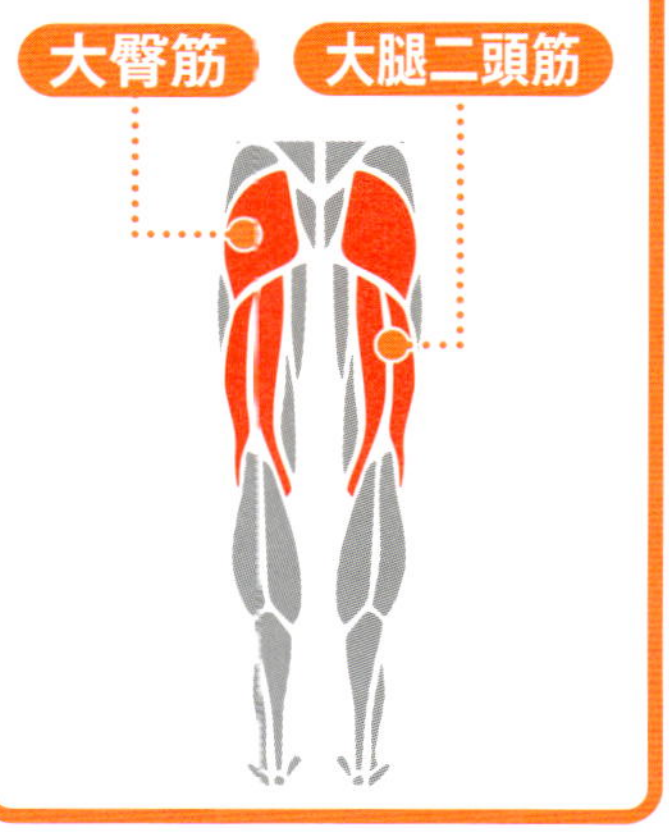

1

床に座り、両手を肩幅に開いて床につける

床に座り、写真のように両手を肩幅に開いて床につけます。このとき、指先が外を向くようにしておきます。さらに、膝を曲げて、腰の位置をずらし、腕に寄りかかるような体勢を作ります。

注意 意識は大臀筋と大腿二頭筋に

この運動では、腕にもかなりの負荷がかかります。しかし、この運動の目的は、あくまでも大臀筋と大腿二頭筋の強化です。どこを意識するかによって、効果は違ってきます。必ずお尻と太ももを意識するよう、指導してください。

2

片脚を上げながら お尻を浮かせていく

1の状態から、片脚（ここでは右脚）を膝を曲げたまま上げ、同時にお尻を浮かせていきます。

声かけ例
片脚を上げてお尻も浮かせていきましょう

3

着地している脚で、さらにお尻を上げていく

2でお尻を浮かせはじめたら、着地させている側の脚（ここでは左脚）を利用して、さらにお尻を浮かせていきます。写真のように、背中と床が平行になるまで、お尻を浮かせます。

声かけ例
（背中を見ながら）
もう少し頑張りましょう
（背中を見ながら）
もう少しで背中が平行になります

4

ゆっくり1に戻り、繰り返し行う

3で背中が平行になるまでお尻を浮かせたら、ゆっくり1に戻ります。そして2から3を、実施者がややきついと感じる程度まで繰り返し、脚を替えて行います。

声かけ例
今度は反対の脚を上げて行ってみましょう

ポイント! 可能な限り太ももも床と平行に

この運動では、上げる脚ではなく、体を支える側の脚に意識を置くのがポイントです。さらには、手順では背中が床と平行になるようにと説明しましたが、可能であれば、支えている側の脚の太ももも床と平行になるまで上げられると、非常に効果的です。

最初から上げれらないかもしれません。決して無理をする必要はありませんが、最終的に太ももも平行になるくらいまで、体を上げられるように指導しましょう。

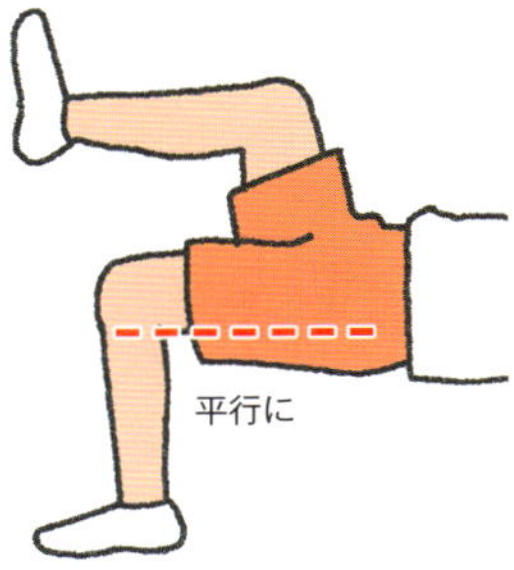

物体保持による手首の巻き上げ

手首を巻き上げる、巻き下げる運動を行い、ものを持ったり運んだりする力を養う

1

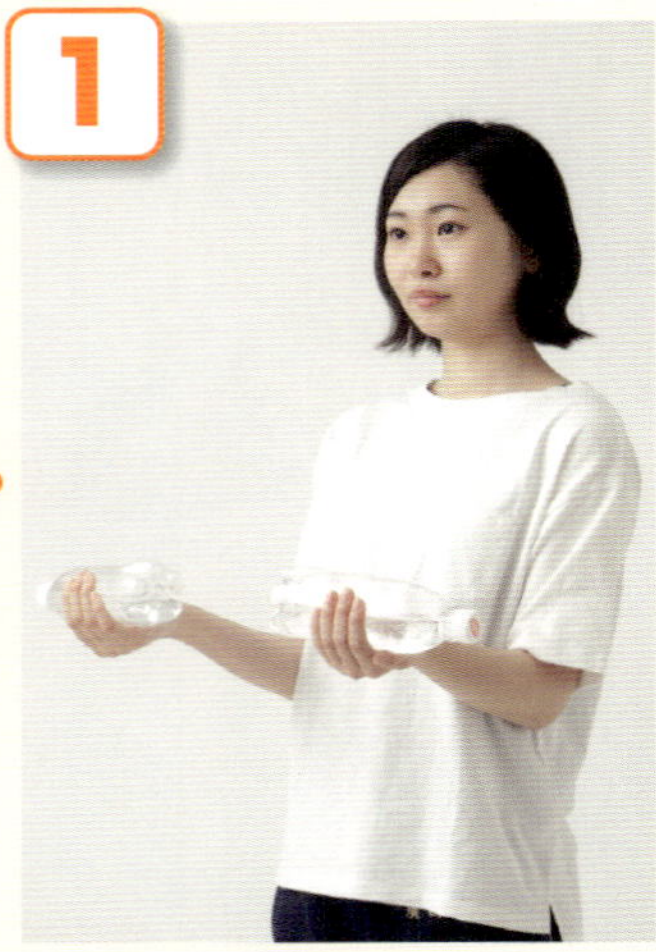

立って両手でペットボトルを握る

立ち姿勢で両手にペットボトルを握ります。ペットボトルを握ったら肘を直角に曲げて体側に着け、手のひらが上を向くようにします。

注意 肩や肘が動かないよう注意

この運動では、肩や肘が動かないように注意して行うことが重要です。そのためには、肘を曲げたとき、脇を締めて肘を体側に押し付けるようなイメージを持つよう指導してください。

訓練部位

腕橈骨筋

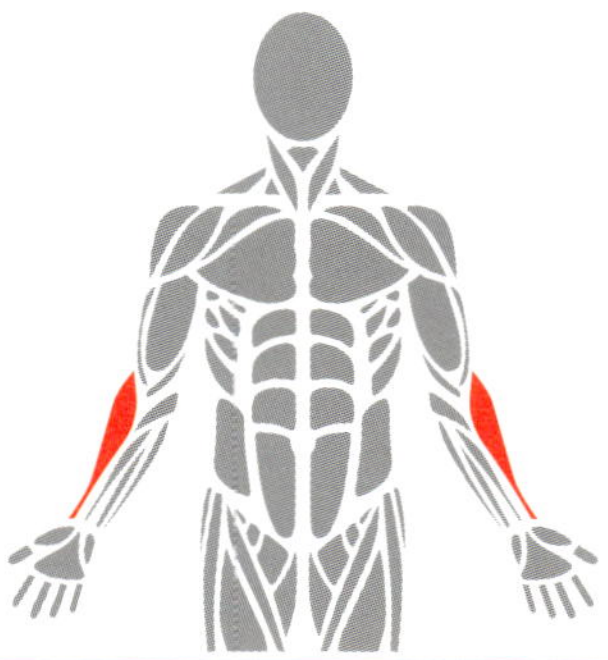

人間が日常的に行っている動作のひとつに、ものを掴む、があります。重いものを持つという意味ではなく、食事のときに箸や湯飲みを持ったり、誰かから荷物を手渡されて握ったりと、無意識に行っている動作です。腕橈骨筋は、これらの動きに対し、重要な役割を担っています。

　高体力者であれば、現時点で不自由を感じているわけではないと思います。しかし、生きていく上で必要不可欠な動作なので、今から衰えないよう訓練しておくことが重要です。

ペットボトルを握った両方の手首を巻き上げる

①の状態から、肩や肘を動かないよう固定して、ペットボトルを握った手首を巻き上げます。

> 声かけ例
> 手首を上に曲げてみましょう

ペットボトルを握った両方の手首を巻き下げる

②で手首を巻き上げたら、動きを止めることなく、すぐさま手首を返して巻き下げます。

> 声かけ例
> すぐに手首を下に返しましょう

正確に②と③を繰り返す

動きを止めることなく、②の上に巻き上げる動きと③の巻き下げる動きを繰り返します。回数の目安はありませんが、実施者がややきついと感じる回数を繰り返します。

> 声かけ例
> ややきついと感じるまで繰り返してみましょう

ポイント！ 片手で行ってみる

ここでは両手同時に行いましたが、片手で行ってもよいでしょう。その際は、単に片手で行うのではなく、空いている手を、腕橈骨筋に添えるよう指導してください。

手首を巻き上げ、巻き下げるたびに筋肉が動くのを実感でき、さらに、筋肉に負荷がかかっていることを意識できます。

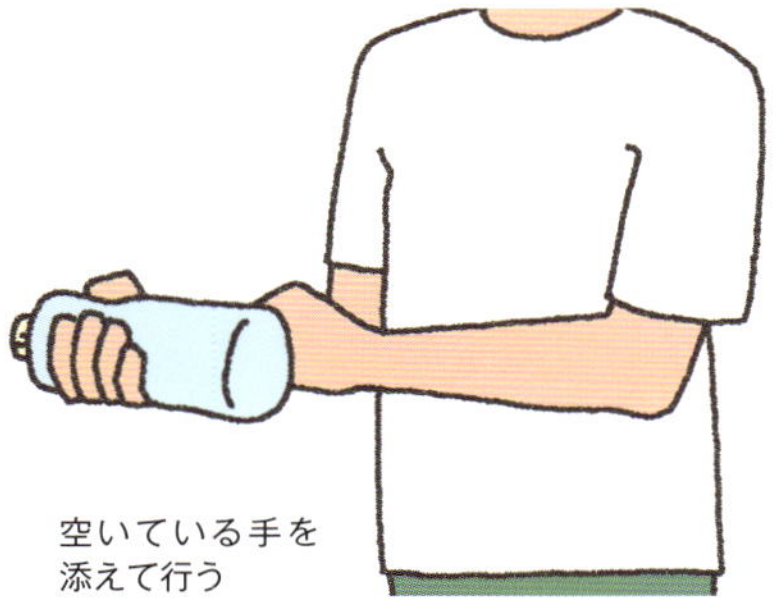

自重による腕の巻き上げ

押し上げる腕と押し下げる腕の力を利用し、ものを持ったり運んだりする力を養う

上腕二頭筋は、いわゆる力こぶを構成する筋肉で、ものを持ち上げたり重いものを持ったり運んだりするなど、文字通り力を必要とする動きを行う際に使用しています。そのため、この筋肉が衰えると、重いものを持ち運ぶのが困難になってしまいます。さらには、この筋肉を使用する動作そのものも、スムーズにできなくなる可能性が高くなることが考えられます。

ここでは、高体力者に対し、より高い負荷をかけた運動を行い、上腕二頭筋を訓練していきましょう。

訓練部位

上腕二頭筋

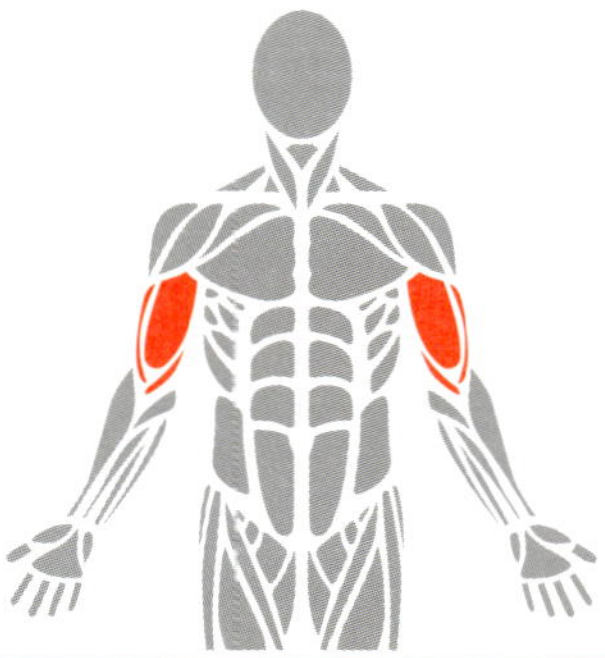

1

片腕の肘を直角に曲げて固定する

片腕（ここでは左腕）の肘を直角に曲げ、脇を締めて体側につけ固定します。

ポイント!　常に上腕二頭筋を意識する

運動する際は、常に筋肉に負荷がかかっていることを意識するよう指導しましょう。

2

もう一方の腕で手首を押さえる

①の状態から、もう一方の腕（ここでは右腕）で直角に曲げた腕の手首を上から握り、押さえます。ここでは強く押さえず、手を添えるだけの状態にしておきます。

3

声かけ例
押さえた腕に負けないように、腕を曲げてみましょう

肘を曲げた腕は上に、押さえた腕は下に

②の状態から、①で直角に曲げた腕は上に持ち上げるように、②で上から押さえた腕は下に押し下げるような意識で、直角に曲げた腕の曲げ伸ばしを繰り返します。回数の目安はありませんが、実施者がややきついと感じる回数、繰り返します。

4 腕を替えて②から③を繰り返す

上げる腕と押さえる腕を替えて、②から③を繰り返し行います。

応用例

押さえる力を変えて行う

　上から押さえる力（押し下げる力）の入れ方を変えることで、負荷を自由に変えることができます。慣れてきたら、徐々に力を入れて行ってみましょう。また、押さえる場所が手首に近いほど、テコの原理で負荷が大きくなります。

注意

手首を曲げずゆっくりとした動作で行う

手首を使って勢いよく腕を曲げようとすると、手首を痛める可能性があります。特に負荷（押し下げる力）を大きくすればするほど、手首を曲げやすくなるので注意してください。また、この運動は勢いをつけて速い動きで行うものではありません。

　効果的な運動を行うという意味はもちろんですが、怪我の防止という観点からも、手首は曲げず、ゆっくりとした動作で腕を引き上げていくイメージで行うよう、指導してください。

物体保持による腕の引き上げ

負荷をかけた状態で上腕を強化し、荷物を持ったり持ち上げたりする力を養う

1

片手でペットボトルを持ち、もう一方の手を椅子や机に置き、前傾姿勢になる

片手（ここでは左手）でペットボトルを持ち、もう一方の手（ここでは右手）を椅子や机に置きます。このとき置いた方の腕に体重を乗せ、前傾姿勢になります。

ポイント！ 可能な限り引き上げ、上腕三頭筋を意識する

手順でも触れましたが、この運動を行うときは、後方に腕を引き上げるとき、可能な限りまっすぐ腕が伸びるまで引き上げるよう指導してください。負荷のかかっている筋肉（ここでは上腕三頭筋）に意識を向けるよう指導しましょう。

タンスの引き出しやドアを引く、荷物を持ち上げるなど、腕を使って自分の方に引っ張る動作で主に使用しているのが、上腕三頭筋です。この筋肉は上腕の背中側に位置していて、肩を後方に引き付けたりする際にも使用しています。この筋肉が衰えれば、当然、引く動きを伴う動作に支障が出てくる可能性が高くなります。

普段あまり負荷をかけることのない筋肉ですので、ペットボトルを用いて負荷をかけ、この筋肉を鍛える運動を行っておくことが重要です。

訓練部位

上腕三頭筋

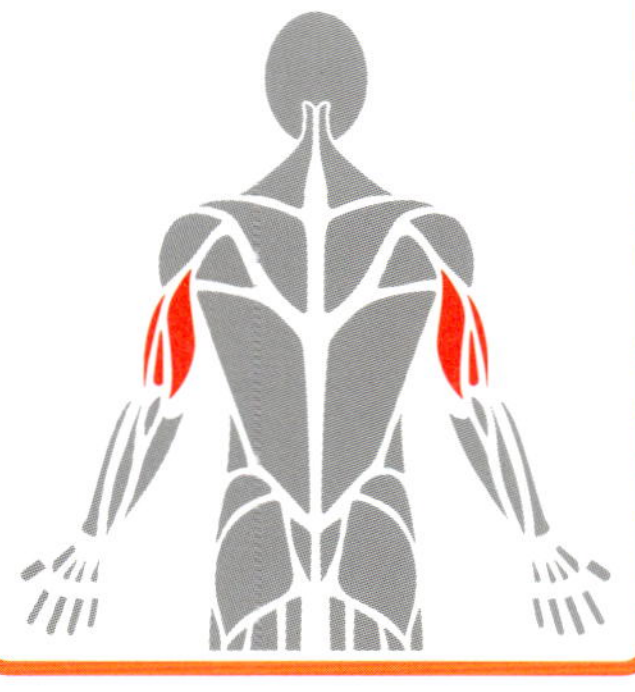

2

ペットボトルを持った側の肘を曲げる

①の状態から、ペットボトルを持った手（左手）の肘を曲げ、脇を締めて肘を体側に付けておきます。

3

肘を支点にペットボトルを後方に引き上げる

②の状態から、肘がなるべく動かないように注意し、肘を支点にして腕がまっすぐになるまで、ペットボトルを後方に引き上げます。腕を引き上げたとき、自然に肘も上がるのは構いません。

声かけ例
腕がまっすぐになるまで腕を後方に引き上げましょう

4

腕を曲げて②に戻る

後方に引き上げた腕は、その位置を保持する必要はありません。すぐに腕を曲げ、②の状態（肘を直角に曲げた状態）に戻ります。この②から③を実施者がややきついと感じる程度、繰り返し行います。

声かけ例
ややきついと感じるまで続けてみましょう

5

腕を替えて行う

④でややきついと感じるまで繰り返したら、腕を替えて同じ運動を繰り返します。

声かけ例
腕を替えて行ってみましょう

注意 肘と手首と背中に注意

この運動を行うときは、肘が外側に広がらないよう注意してください。また、ペットボトルを持った手首を返すような動きも行わないよう注意しましょう。肘が外側に広がると、手首を返してしまいがちです。

さらには、前傾姿勢になったとき、背中が曲がらないよう、しっかりと背筋を伸ばしておくよう指導してください。

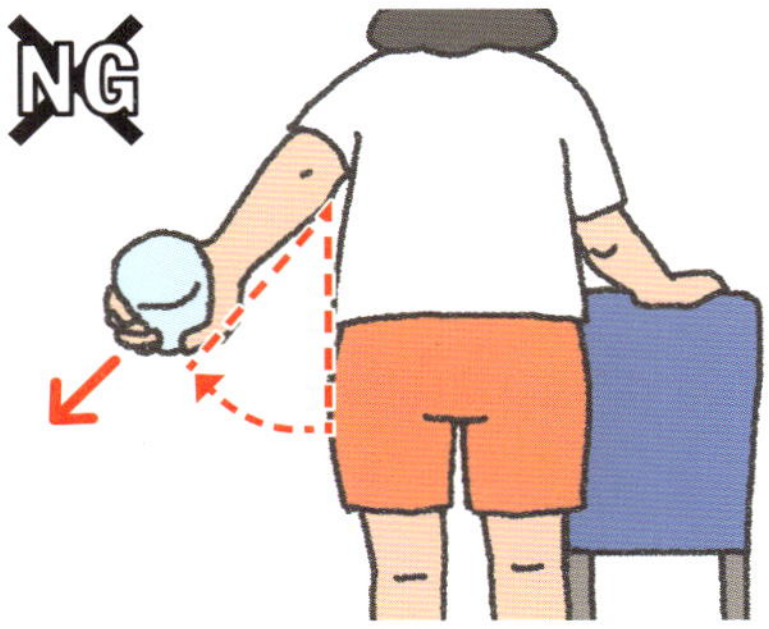

肘の曲げ伸ばし（両腕同時）

上腕を強化して引き付ける力を養い、ものが持てなくなるのを予防する

前項で上腕三頭筋の訓練方法を解説しましたが、ここでは同じ上腕三頭筋で、より負荷を高めた訓練方法を解説していきます。そのため、前項の訓練ができた方、あるいは、より負荷のかかる訓練をしたい方には、こちらを実施するよう指導してください。

この訓練でもペットボトル、あるいは用意できるならダンベル等、握りやすく重量のあるもの（負荷が変えられるもの）を用います。ここでは両腕同時に訓練していますが、片腕で左右交互に行っても構いません。

訓練部位

上腕三頭筋

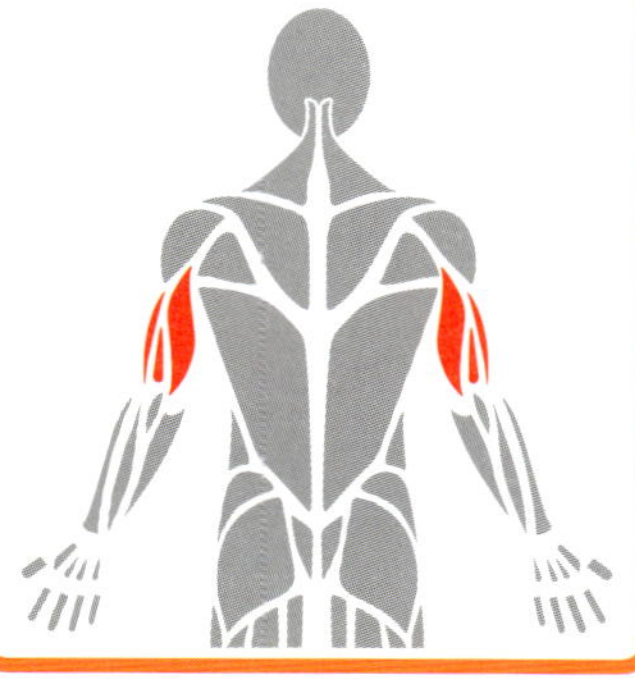

1

両手でペットボトルを持ち、肘を曲げて耳の横につける

両手でペットボトルを持ち、肘を曲げて上腕を耳の横につけます。このとき手のひらが内側を向くようにペットボトルを持ちます。

ポイント！ 上腕三頭筋を意識して行う

ここでも上腕三頭筋（上腕の背中側）に負荷をかけています。運動を実施する際は、必ず上腕三頭筋を意識して行うよう指導しましょう。

2

曲げている肘を伸ばす

①の状態から、肘は動かないよう固定した状態で、曲げている肘を伸ばしてペットボトルをゆっくり引き上げます。

> 声かけ例
> 肘を伸ばしてペットボトルを引き上げましょう

3

肘を曲げて①に戻る

引き上げた腕は、その位置を保持する必要はありません。ゆっくりと肘を曲げ、①の状態に戻ります。そして、②から③を実施者がややきついと感じる程度、繰り返し行います。

> 声かけ例
> ややきついと感じるまで続けてみましょう

注意　肘も体も動かさない

この運動を行うときは、特に肘が前に出てしまわないよう注意してください。腕を引き上げる際、肘が前に出て下がってしまうことがあり、この状態で行っても十分な負荷はかかりません。片手で行う場合は、空いた腕で肘を押さえておくといいでしょう。

　また、体が後ろに反ったり、あるいは前に傾いてしまうことがあります。背筋を伸ばし、上体を動かさずに実施するよう注意しましょう。

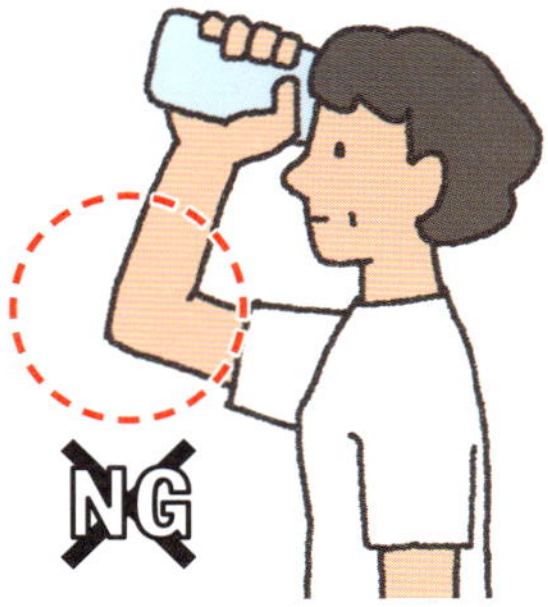

くの字腕立て伏せ

肩に負荷のかかる腕立て伏せを行い、ものを引き付けたり持ち上げたりする能力を養う

腕を使う動きの多くは、三角筋が関連しています。荷物を持ったり持ち上げたり、高い位置から物を下ろしたり、腕全体を使用する場合に使う筋肉と言えます。

この筋肉が衰えれば、これらの動きがスムーズにできなくなるだけでなく、荷物が持てない、荷物を持ち上げられない、頭上のものが下ろせないなどの状態になる可能性があります。

一般的な腕立て伏せではなく、三角筋に高い負荷のかかる腕立て伏せを行い、この筋肉を強化しましょう。

1

両手両足を床に着け、体をくの字にする

両手両足を床に着け、腰を持ち上げるような姿勢で、写真のように体を「くの字」にします。
このとき、両手は「ハの字」を描くように指先をやや内側に向けておきます。

ポイント! 距離を調整し、視線はつま先に

両手両足を床について「くの字」になる際は、腕と足の距離を調整して行いましょう。狭くなる（くの字が鋭角になる）ほど、三角筋に負荷がかかります。

また、頭は上げず、常に視線をつま先に向けて行うよう指導してください。

訓練部位

三角筋

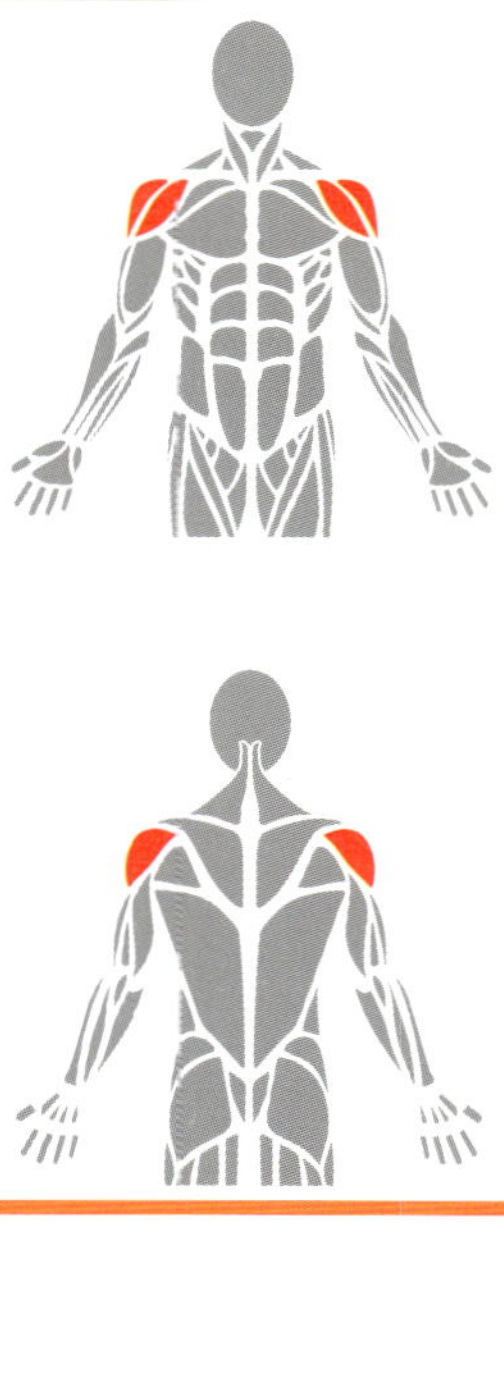

2

両肘を曲げて床に頭を着ける

1の状態から、両肘を曲げていき、できる限り頭を床に近づけます。両肘を曲げる際は、脇を開いて肘が外を向くように曲げていきます。

声かけ例
頭が床に着くくらいまで腕を曲げていきましょう

3

両肘を伸ばして1に戻る

2の状態で動きを止め保持する必要はありません。腕を伸ばして上体を上げていき、1の状態に戻ります。

声かけ例
腕を伸ばして元の状態に戻ります

4

2と3を繰り返す

1の状態に戻ったら、2と3を繰り返し行います。回数の目安はありませんが、実施者がややきついと感じる回数を繰り返します。

声かけ例
ややきついと感じるまで続けてみましょう

注意　膝を曲げないで行う

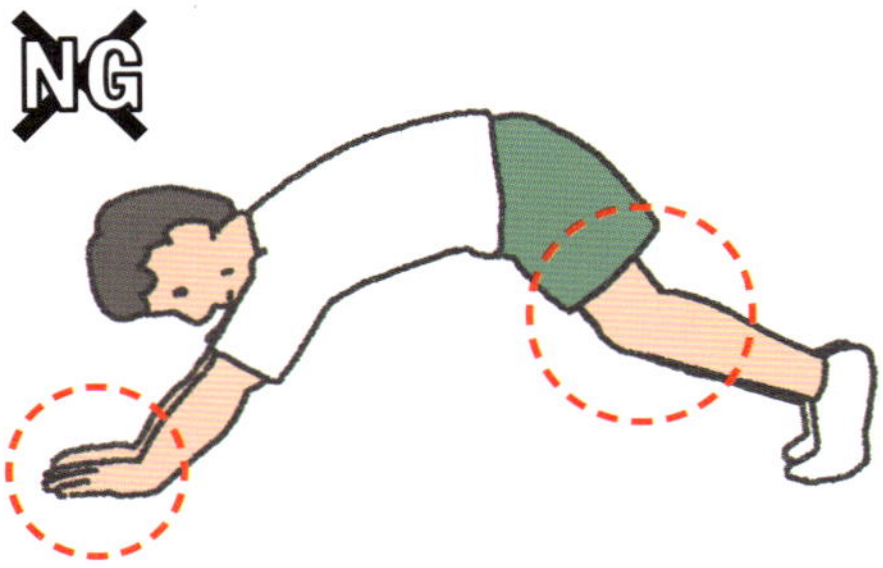

この運動を行うときは、膝が曲がらないよう注意しておきます。膝が曲がってしまうと、三角筋に十分な負荷がかかりません。
　また、床に手を着く際、指先が外を向く「逆ハの字」になってしまうと、肘を曲げたとき、肘が内側に折れてしまうため、肘が十分に曲げられません。

腕立て伏せ

腕立て伏せを行い、上半身で行う日常生活動作をスムーズに行えるようにする

前項では腰を浮かせて体を「くの字」にした腕立て伏せを解説しましたが、ここでは一般的に知られる腕立て伏せを行います。この腕立て伏せでは、三角筋はもちろんですが、大胸筋や上腕三頭筋にも負荷をかけられます。

これらの筋肉は、引き寄せや押し出しなど、腕を含めた上半身で行うあらゆる日常生活動作に関係しています。そのため、衰えてしまうと、起き上がることが困難になることからはじまり、さまざまな日常生活動作が困難になります。

1

両手両足を床に着け、腕を伸ばして体をまっすぐにする

両手両足（つま先）を床に着け、腕を伸ばします。さらに腰が浮いたり沈んだりせず、写真のように体がまっすぐになるよう、腕と足の位置を調整します。
このとき、両手は「ハの字」を描くように指先をやや内側に向けておきます。

注意 腰を沈めない、頭を上げない

腕立て伏せを行う際は、腰を沈めてしまうことがあります。この状態では、肘を十分に曲げることができず、効果的な運動になりません。

また、顎を上げて行わないよう注意しましょう。

訓練部位

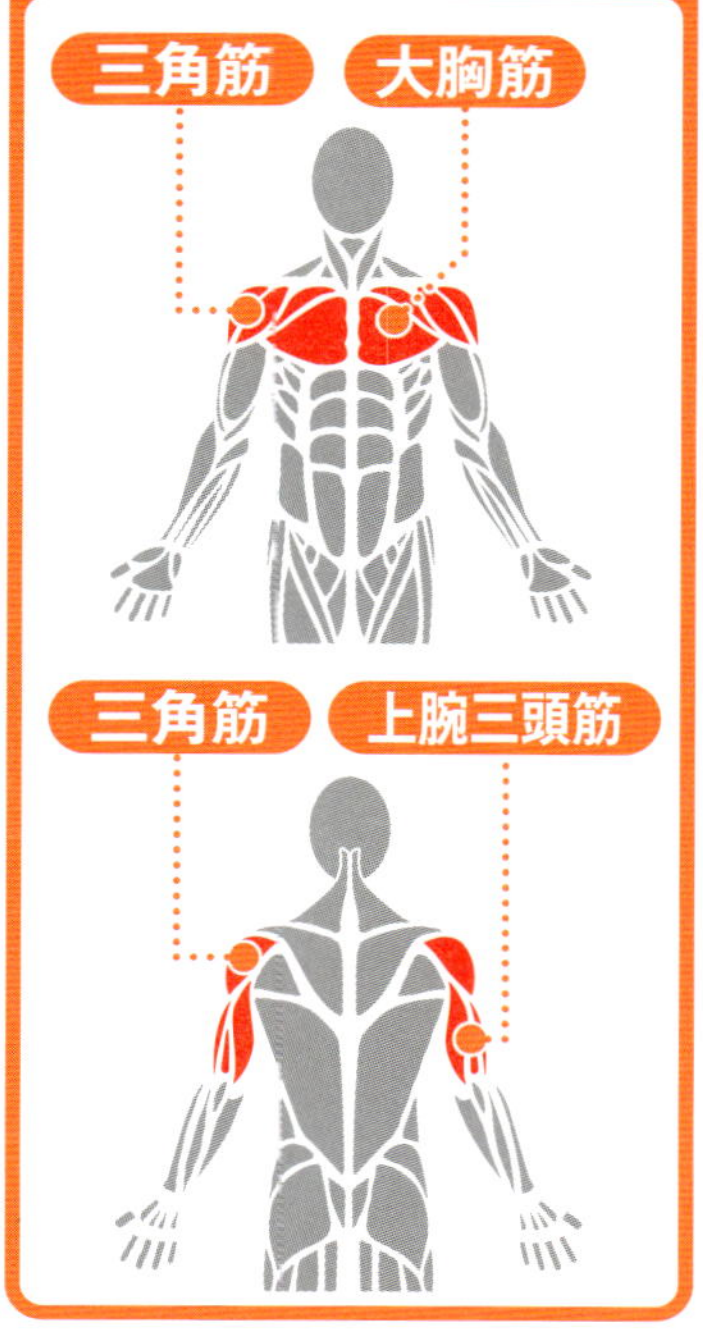

2 両肘を曲げて体を床に近づける

1の状態から、両肘をゆっくりと曲げていき、できる限り体を床に近づけます。このとき、腰が落ちて体を反ったり、腰を浮かせて体が曲がらないように注意します。

> 声かけ例
> 体が床に着くくらいまで腕を曲げていきましょう

3 両肘を伸ばして1に戻る

2の状態で動きを止め保持する必要はありません。腕をゆっくりと伸ばして体を上げていき、1の状態に戻ります。

> 声かけ例
> 腕を伸ばして元の状態に戻ります

4 2と3を繰り返す

1の状態に戻ったら、2と3を繰り返し行います。回数の目安はありませんが、実施者がややきついと感じる回数を繰り返します。

> 声かけ例
> ややきついと感じるまで続けてみましょう

ポイント！ 両腕の幅を調整して訓練部位を変える

この運動では、両手を床に着くとき、両手の間隔を変えると負荷のかかる部位が変わってきます。間隔を広げると、大胸筋への負荷が増します。逆に狭めると、上腕三頭筋への負荷が増します。

訓練時、実施者に負荷がかかる部位を意識して行うよう指導してください。

上腕三頭筋への負荷が増す

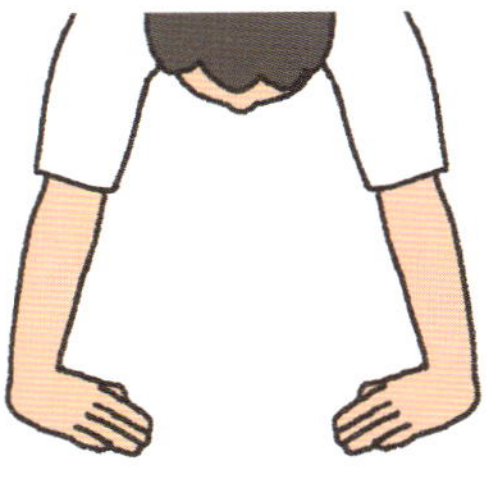

大胸筋への負荷が増す

膝の胸への引きつけ

椅子に座って腹部周辺の筋肉を鍛え、呼吸をスムーズにし、腰痛も予防する

腹直筋は、呼吸を行う際に必要な筋肉です。この筋肉が衰えると呼吸が浅くなったり、腰痛を起こす可能性が高くなります。腸腰筋は上半身と下半身をつなぐ筋肉で、立ち姿勢を保ったり膝を持ち上げる際に使用しています。そのため、この筋肉が衰えると、歩幅が減少し、転倒しやすくなります。

これらの症状を予防するため、椅子に座った状態から両脚を上げる運動を行います。

次項では寝姿勢で同じ筋肉を鍛える方法を解説します。状況に応じて使い分けましょう。

訓練部位

腹直筋

腸腰筋

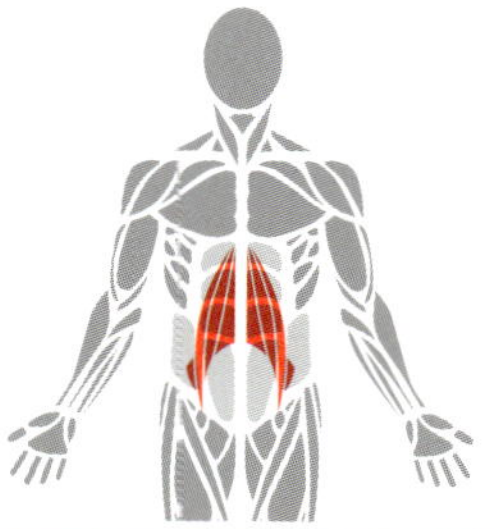

1

椅子に座り、両手で座面の両端をつかむ

椅子に座ります。このとき、できるだけ浅く座り、膝は直角に曲げ、背もたれに背中を付けないようにしておきます。また、背筋を伸ばし、両手で座面の両端をつかんでおきます。

ポイント！ 腹直筋を意識し、前傾で負荷を変える

この運動は、目線を前に向け、息を止めずに行います。また、腹直筋に負荷がかかっていることを感じならが脚を上げておくよう指導しましょう。

なお、基本的には背筋を伸ばして行いますが、体を前傾させることで、より負荷を強くすることが可能です。角度を調節し、負荷の強度も変えてみてください。

2

両脚を脚の付け根から浮かせる

[1]の状態から、両脚を膝を直角に曲げたまま、床から浮かせます。尻を浮かせるのではなく、脚の付け根を支点に脚だけを浮かせていきます。

声かけ例
両脚を床から離して浮かせていきましょう

3

一定時間、保持する

[2]の状態で動きを止め、一定時間、保持します。目安は可能であれば10秒程度ですが、慣れるまでは短くても構いません。

声かけ例
10秒頑張ってみましょう

4

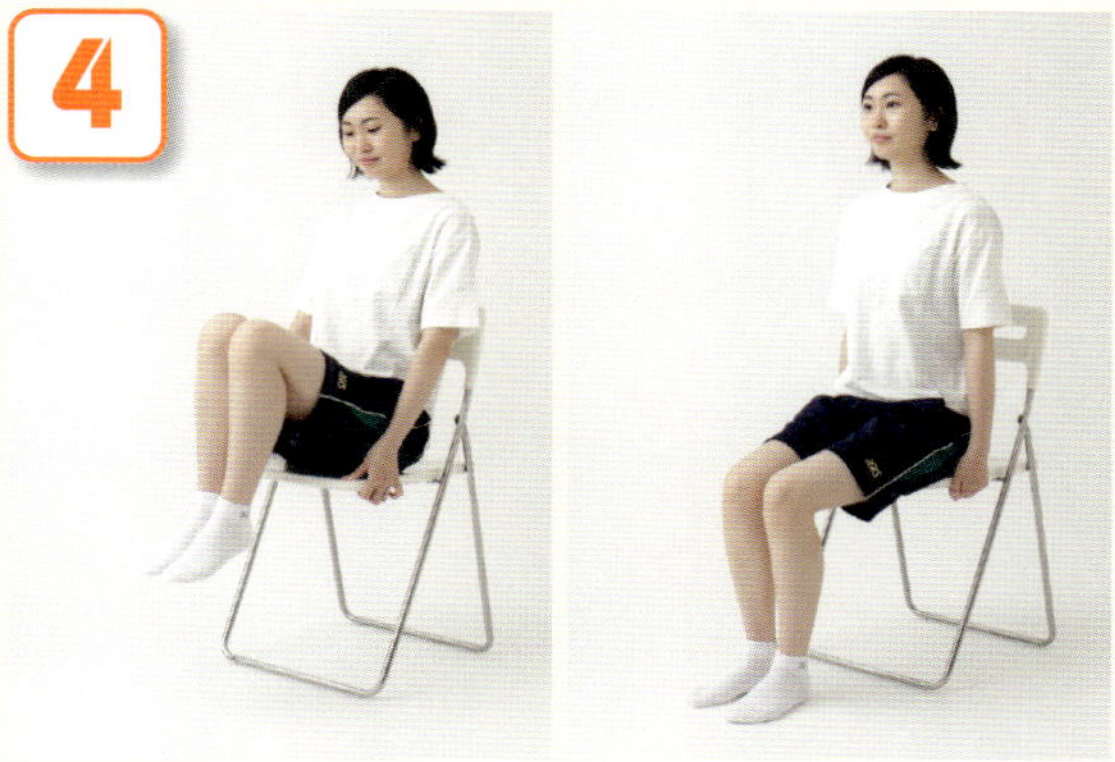

[1]に戻り、[2]と[3]を繰り返す

[3]で一定時間その体勢を保持したら、ゆっくり[1]の状態に戻り、[2]と[3]を繰り返し行います。目安は可能であれば2、3回程度ですが、慣れるまでは少なくても構いません。

声かけ例
繰り返し行ってみましょう

注意 後傾姿勢にならない

この運動は、体を後ろに倒してしまうと、訓練部位に十分な負荷がかからなくなるため、効果的ではありません。逆に、体を前に倒すと、訓練部位への負荷がより強くなるため、慣れていない方には強度の高すぎる運動になってしまいます。

意図的に強い負荷をかけたい場合は前傾で行うことを試してもいいかもしれませんが、慣れるまでは必ず姿勢を正し、かつ、背もたれに背中を預けることなく実践するよう、注意しておきましょう。

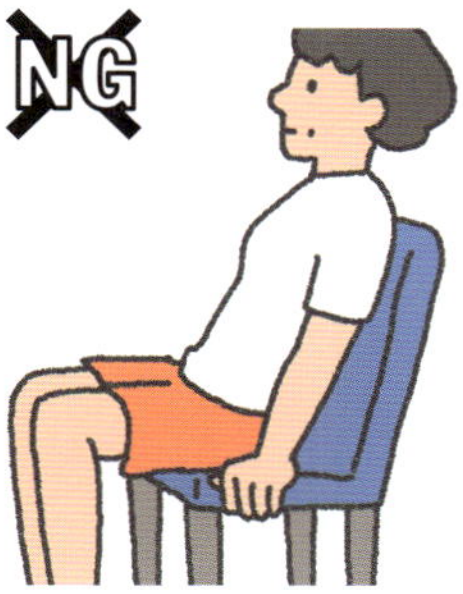

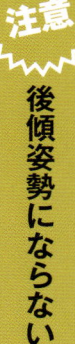

膝を立てた上体起こし

仰臥位姿勢で腹部周辺の筋肉を鍛え、呼吸をスムーズにし、腰痛を予防する

前項では、腹直筋と腸腰筋を椅子に座って鍛える方法を解説しましたが、ここでは同じ2つの筋肉を、仰臥位姿勢で行う方法を解説していきます。前項と同様、これらの筋肉が衰えると呼吸が浅くなるなどの症状が現れる可能性が高くなりますので、しっかり鍛えておきましょう。

このトレーニングは、膝を伸ばした状態で行うと腰を痛めてしまいます。そうならないためにも、必ず膝を直角に曲げ、膝を立てた状態で行うことが重要です。

訓練部位

腹直筋

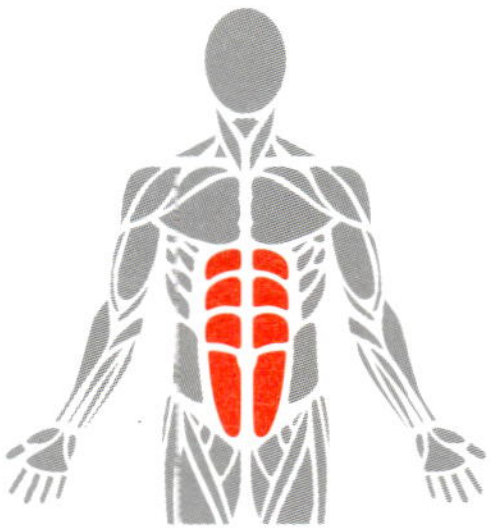

腸腰筋

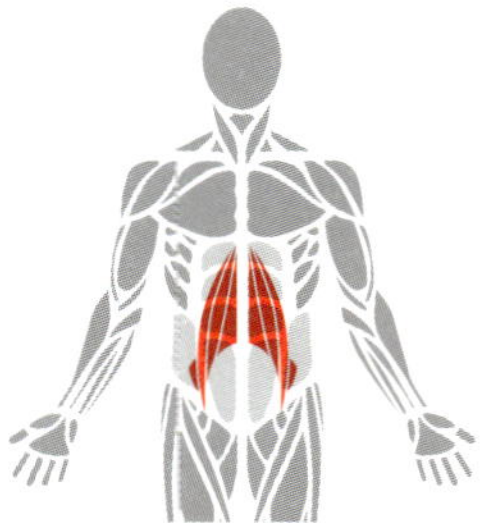

1

膝を曲げて仰向けに寝る

仰向けに寝ます。このとき、両足は床に着けた状態で、膝を直角に曲げて立てておきます。手は自然に伸ばし、太ももの上に添えておきます。

注意 **手だけを移動させない**

この運動では、手だけを移動させて膝に触れようとしてしまうことがあるので注意しましょう。上体の起き上がりによって手が前に移動していく、というイメージを持って行うことが重要です。

2

上体を起こしていく

1の状態からゆっくり上体を起こしていきます。太ももに添えていた手は、上体を起こすとともに太ももの上を滑らせます。

> 声かけ例
> ゆっくり上体を起こしていきましょう

3

手が膝にくるまで上体を起こす

あくまでも目標ですが、太ももに添え滑らせていた手が膝に到達するまで上体を起こしていきます。もちろん、目標なので、届かなくても構いません。上体を起こせるところまでで結構です。

> 声かけ例
> 手が膝に届くまで上体を起こしてみましょう

4

ゆっくりと元に戻り、2から4を繰り返す

ゆっくりと1の状態に戻り、2から4の運動を繰り返し行います。

> 声かけ例
> ゆっくり戻りましょう

ポイント！ 背中を丸めると、より効果的

この運動では、上体を起こしていくとき、背中を丸めるように行うと、腰に負担をかけず効果的です。さらに目でお腹を見るようなイメージで、首も前に曲げると、より上半身が丸まるため、さらに効果的です。

ただし、最初から無理をする必要はありません。運動に慣れてきたら、徐々に負荷を大きくしていきましょう。

腕とかかとで体幹保持（ハイバースプランク）

床に背を向けて腕で上体を支える運動を行い、体幹を鍛える

1

床に座り、両手を尻より後ろに着く

脚を伸ばして床に座ります。そして写真のように両手を尻よりも後方に着きます。

ポイント！ 体の中心を意識する

　この運動では、腕と足で体を支えているため、見た目の印象ではこれらの筋肉に負荷がかかっているように思われます。

　しかし、この運動は、体の中心である体幹、特に広背筋と腹直筋に負荷がかかっているので、この部分を意識するよう指導してください。

訓練部位

広背筋

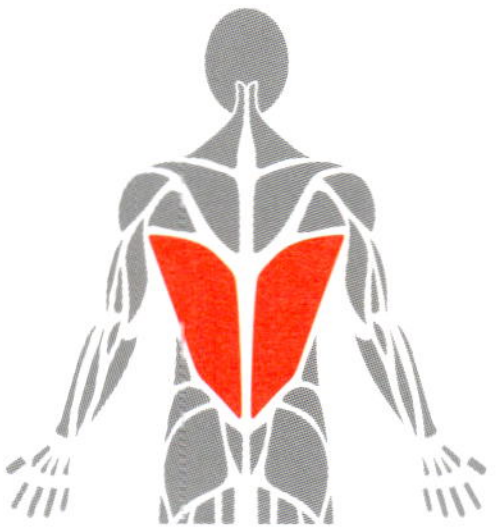

腹直筋

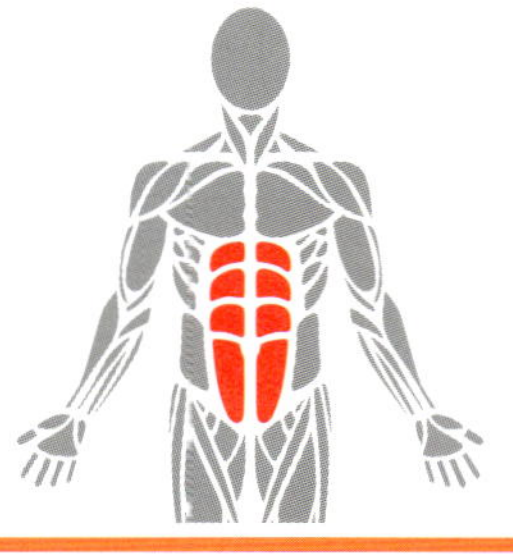

脇の下から脇腹にかけて広がる広背筋。腹部を覆う腹直筋は、体幹を支える役割を持っていることから、衰えてくると姿勢が悪くなり、腰痛を引き起こすリスクが高くなります。さらには、円背（猫背）や肩こりの原因になることもあります。また、腹直筋は呼吸筋でもあるため、スムーズな呼吸をする上で、重要な役割を果たします。

　ここで解説するのは、負荷の高い運動です。無理は禁物ですが、高体力者であれば、この運動で、これらの筋肉を鍛えていきましょう。

2 腰を浮かせて体をまっすぐにする

[1]の状態から腰を浮かせ、体をまっすぐに伸ばした位置で静止します。

> 声かけ例
> 体をまっすぐにしたところで止まりましょう

3 一定時間、体勢を保持する

[2]の状態になったら、一定時間、その体勢を保持します。可能であれば、10秒程度を目安としてください。

> 声かけ例
> 10秒頑張ってみましょう

4 [2]から[4]を繰り返す

ゆっくり[1]の状態に戻り、[2]から[4]を繰り返します。可能であれば2、3回繰り返してください。

> 声かけ例
> ゆっくり戻って、3回繰り返してみましょう

注意　尻の位置に注意

この体勢で体をまっすぐに保つのは、かなりの負荷となります。そのため、無意識のうちにお尻が下がってしまったり、逆にお尻を上げてしまう場合があります。これらの動きは、無意識に体が負荷を弱めようとして起こる反応です。

つまり、尻が上がり過ぎたり下がり過ぎたりすると、効果的ではありません。必ず体をまっすぐにして、可能な限りその姿勢を保持できるようにしましょう。

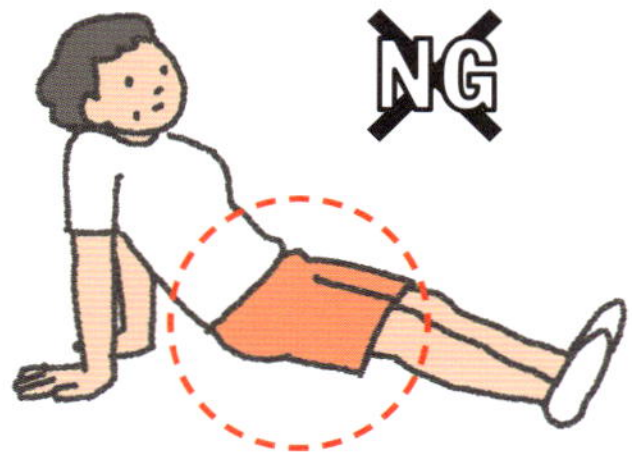

肘をついたブリッジ

肩周りの筋肉と腹筋を鍛え、ものを運ぶ能力を高め、肩こりや腰痛を予防する

肩甲骨の周辺を中心に広範囲を覆う僧帽筋は、上肢全体を使ってものを持ったり、担いで運んだりする際に使用しています。また、肩こりは、この筋肉の血行が悪くなることに起因しています。腹直筋はみぞおちの下の表層にある筋肉で、姿勢を保つ働きもあります。これらの筋肉が衰えると、重いものが持てない、姿勢が悪くなり腰痛や肩こりを引き起こすなどの症状が現れる可能性もあります。

そこで、この2つの筋肉を同時に鍛え、腰痛や肩こりなどの予防を行いましょう。

1

両腕の前腕を床に着け、肘を直角にして腹這いになる

まずは床に腹這いになり、両腕の前腕を床に着けて、肘が直角になる姿勢になります。

ポイント！ 肘の位置を調整する

この運動では、僧帽筋と腹直筋にしっかりと負荷がかかっていることを意識する必要があります。そのため、腹這いになったとき、この両方の筋肉にしっかり負荷がかかるよう、肘の位置を調整して行うよう指導してください。

訓練部位

僧帽筋

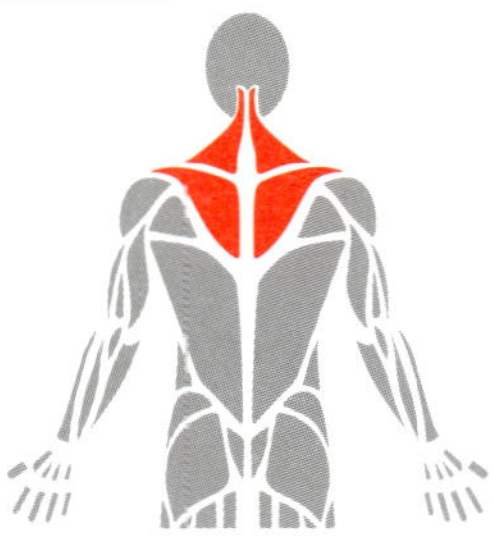

腹直筋

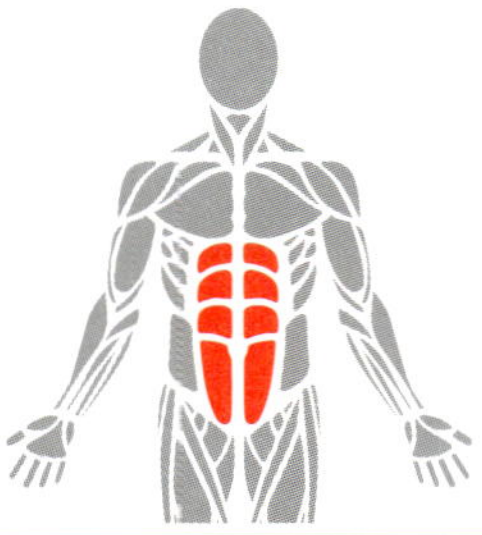

2 両方の膝と肘に体重を乗せる

①の状態から腰を浮かせ、両肘と両足のつま先で体を支えます。このとき、背中を丸めたり腰を落としたりせず、つま先から肩まで一直線になるよう、背筋を伸ばしたままにしておきます。

> 声かけ例
> 背筋を伸ばしてつま先と
> 肘に体重を乗せましょう

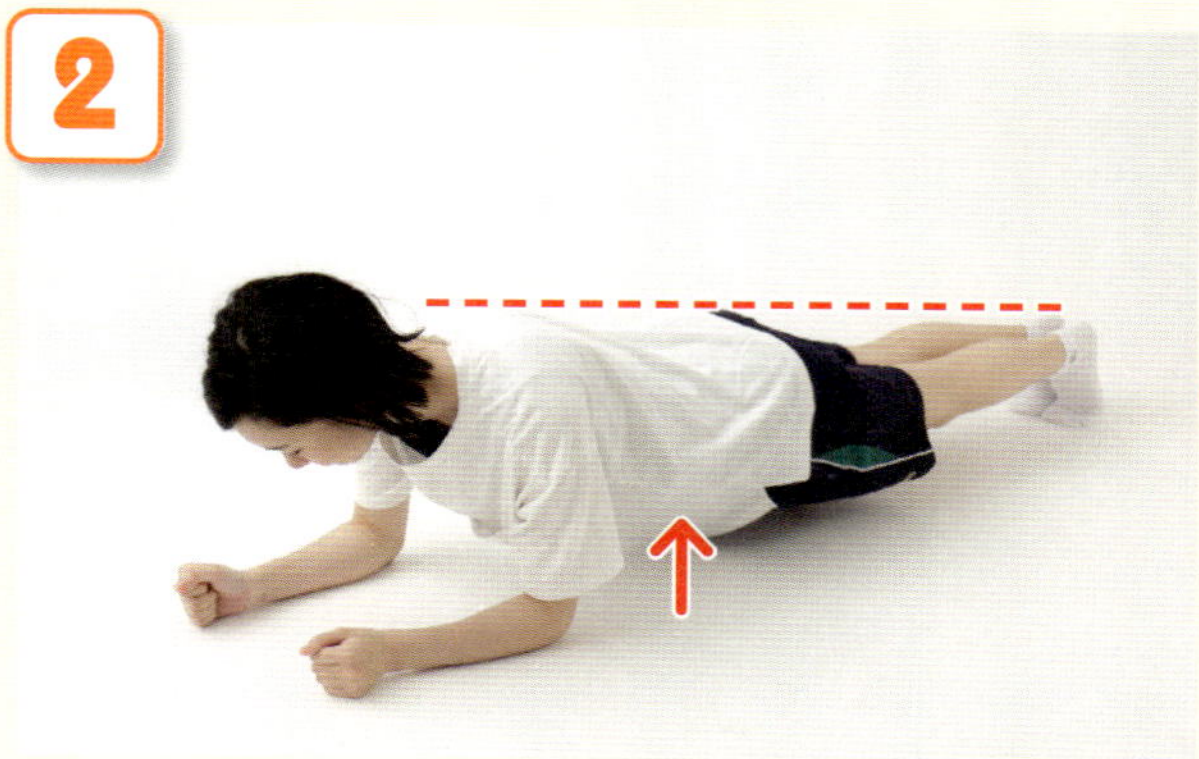

3 一定時間、体勢を保持する

❷の状態で、一定時間、その体勢を保持します。目安の時間はありませんが、実施者がややきついと感じる程度で、保持します。

> 声かけ例
> ややきついと感じるまで
> 頑張ってみましょう

応用例

つま先ではなく膝を着けて行う

　この運動では負荷が大きすぎる場合は、つま先ではなく両膝を着けて同様の運動を行ってみましょう。負荷を小さくすることができます。

注意

背中を丸めて行わない

　この運動では、背中が丸まっていると、どちらの筋肉にも効果的な運動とはなりません。
　また、背筋を伸ばしているのが辛くなってくると、腰を引いて背中を丸めたり、腰を落としたりしてしまうこともあるので、注意してください。

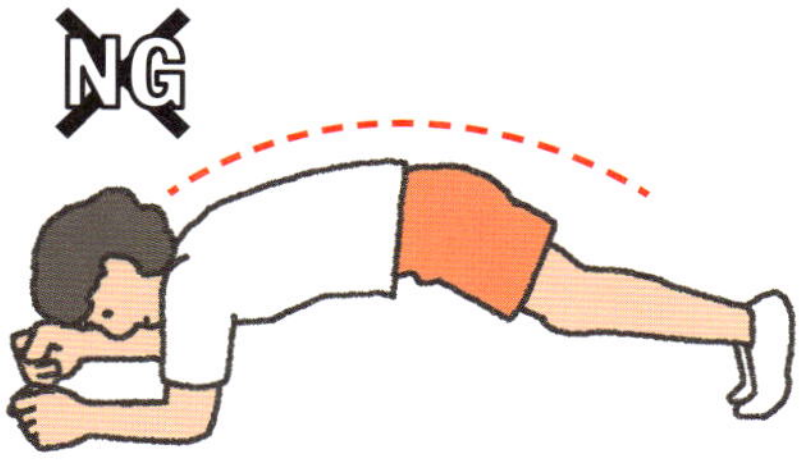

COLUMN

応急（救急）処置

1　RICE 処置

筋力訓練中に捻挫や打撲、肉離れ、脱臼、骨折などを起こした場合、痛みと同時に注意しなければならないのが内出血です。内出血は目で確認できない場合が多く、放置してしまいがちですが、必ず RICE 処置を施します。RICE とは、安静（Rest）、冷却（Icing）、圧迫（Compression）、挙上（Elevation）の４つの頭文字をとったものです。通常は、炎症症状が改善する期間（1 ～３日程度）おこないます。

安静（Rest）

怪我を負った部位は、安静に保つようにします。副木やテーピング（テーピングについては後述）などで部位を固定し、動かさないことで痛みや腫れを防ぐことができます。

冷却（Icing）

怪我を負った直後は、部位を冷却します。冷却は、氷嚢（ひょうのう）やビニール袋の中に氷を入れておこなう方法が一般的ですが、長時間おこなうと凍傷を起こす可能性もあるため、冷水による冷却が推奨されています。

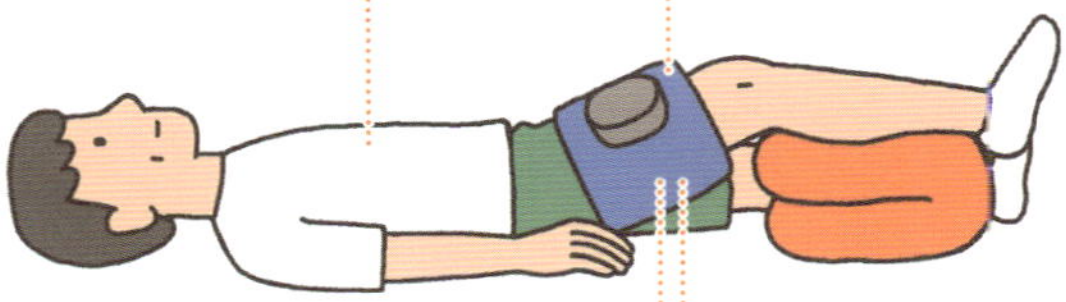

圧迫（Compression）

怪我を負った部位の内出血や腫れを抑えるため、弾性包帯（適度な伸縮性と圧迫力がある包帯）などで適度に圧迫します。ただし、部位の周囲をすべて圧迫すると血流が悪くなる可能性があるので、必要以上に圧迫しないよう注意が必要です。

挙上（Elevation）

怪我を負った部位を心臓より高く上げることで（挙上）、出血や腫れを抑えることができます。腫れが続くうちは、夜間なども挙上しておくことが奨められます。

2　テーピング

筋力訓練で捻挫や打撲、肉離れ、脱臼、骨折などを起こした場合、医療機関での診察を受けるまでの応急処置として、テーピングをおこなうことがあります。テーピングにより患部を固定し圧迫することで、内出血や腫れが広がるのを抑えることができます。ただし、知識が曖昧なままテーピングをおこなうと、負傷部位を悪化させてしまうおそれがあるので、正しい方法を習得した上でおこなうことが大切です。テーピングに用いる用具には、以下のようなものがあります。

非伸縮性テープ

足、手、指などの関節を固定する場合に用いる白いテープで、伸縮性がなく、固定力が強いのが特徴です。部位によって、幅の異なるテープを使い分けるとよいでしょう。

伸縮性テープ

肩や大腿部のように関節運動の大きい部位を固定する際に使います。伸縮性があり、固定力はホワイトテープよりも劣りますが、ある程度自由に動かすことができます。このテープも数種類あります。

キネシオテープ

薄手かつ粘着力があり、皮膚への刺激が少ないテープです。特徴は筋肉の動きを促進するという点にあります。それにより一種のマッサージ効果が生まれ、血液循環の促進、痛みの軽減、治癒の促進が期待できます。

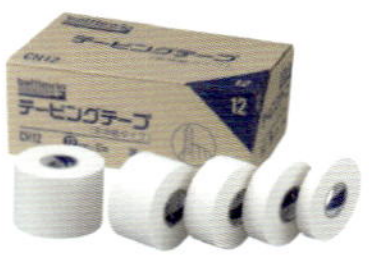

ニチバン バトルウィン テーピングテープ C- タイプ（非伸縮）（医療関係者向け商品）

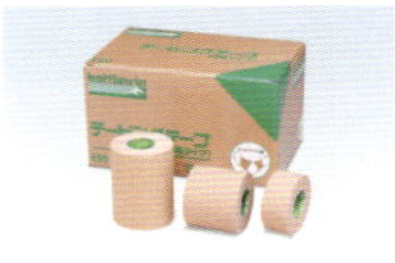

ニチバン バトルウィン テーピングテープ E- タイプ（伸縮）（医療関係者向け商品）

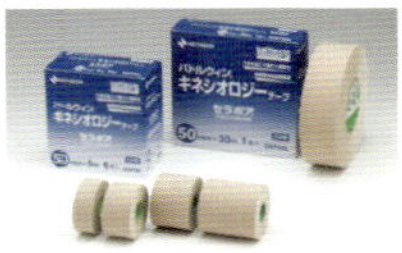

ニチバン バトルウィン キネシオロジーテープ セラポア（医療関係者向け商品）

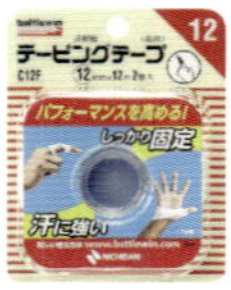

ニチバン バトルウィン テーピングテープ 非伸縮タイプ（一般向け商品）

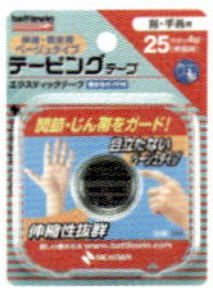

ニチバン バトルウィン テーピングテープ 伸縮ベージュタイプ（一般向け商品）

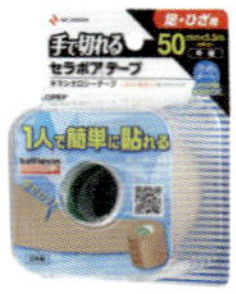

ニチバン バトルウィン セラポアテープ FX（一般向け商品）

写真提供：ニチバン株式会社

器具（チューブ）

スクワット

レッグレイズ（フロント）

レッグレイズ（サイド）

レッグレイズ（バック）

ヒールレイズ

リストカール

アームカール

プッシュアウェイ

サイドレイズ

肩の内旋運動

チェストプレス

クランチ

ローイング

首（胸鎖乳突筋）の強化

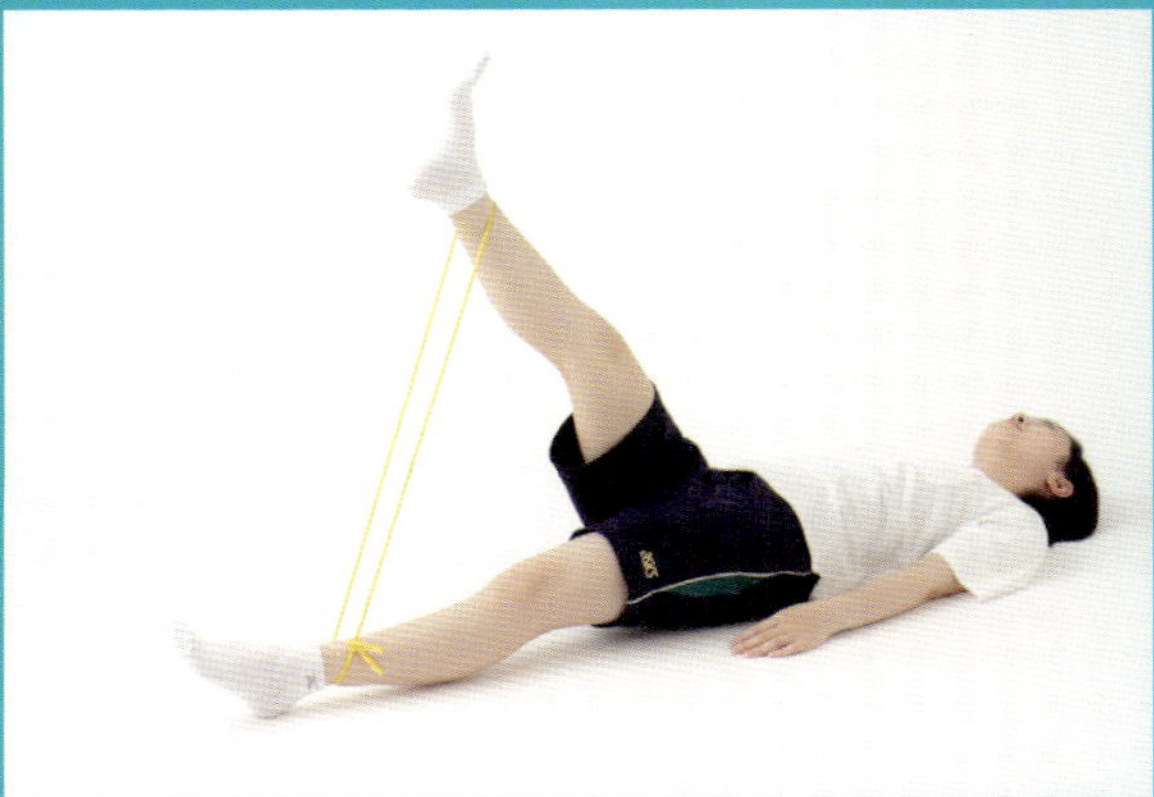

スクワット

主に太もも前部の筋肉を鍛え、歩行能力を高めるとともに、転倒を予防する

訓練部位

大臀筋

大腿四頭筋

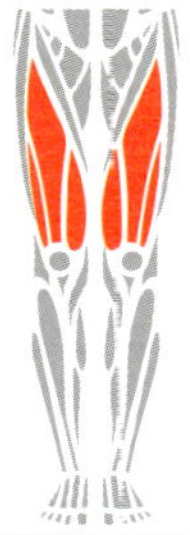

高体力者のP70で解説したスクワットの、チューブを用いて負荷をより大きくしたトレーニングです。チューブを用いないスクワット同様、大臀筋や大腿四頭筋を鍛えることで、立ち姿勢が安定し、歩行能力を改善させ、転倒を予防することにもつながります。

チューブの伸縮性を利用し、かかとを抑えたり、下に引っ張られそうになる腕を下げないようにしっかり保持することで、主目的ではありませんが、上腕の筋肉にも負荷を与えることができます。

※チューブの持ち方はP126『チューブの使い方と種類』参照

1

チューブを両手で持ち、両足で踏んで立つ

チューブを両手で持ち、両足でもチューブを踏んでおきます。このとき、両足は肩幅の広さ程度に開いておきます。

ポイント! **呼吸は意識しなくてもいい**

腰を落とすときは息を吸い、息を吐きながら元の姿勢に戻るのですが、呼吸を意識しすぎると、運動そのものが雑になってしまったり、効果のない動きになってしまう可能性があります。

動きに慣れるまでは、呼吸は止めないことだけを意識し、正しい動きがしっかり行えるよう指導しましょう。

腰を落としながら、腕を上げていく

1の状態からゆっくり腰を落としていきます。同時に、チューブを持った両腕を引き上げていきます。

声かけ例
ゆっくり腰を落としていきましょう

可能な限り、腰を落とす

高体力者など、より負荷をかけた運動が行えるレベルであれば、可能な限り、腰を落として筋肉にさらなる負荷をかけていきます。

声かけ例
かかとが浮かないように注意してください

ゆっくりと元に戻り、2から4を繰り返す

ゆっくりと1の状態に戻り、2から4の運動を繰り返し行います。

声かけ例
ゆっくり戻っていきます

注意
膝とかかとに注意を払う

この運動では、単に膝を曲げるだけになってしまうと、膝がつま先よりも前に出てしまいがちです。P70のスクワットでも触れましたが、この運動では、膝がつま先よりも前に出ないように行うことが重要なので、腰を落としていくようなイメージで、意識的に膝が出ないよう注意します。
　また、膝を曲げるとき、つま先立ちにならないよう、しっかりかかとを床に着けた状態で行うことを意識しておきます。

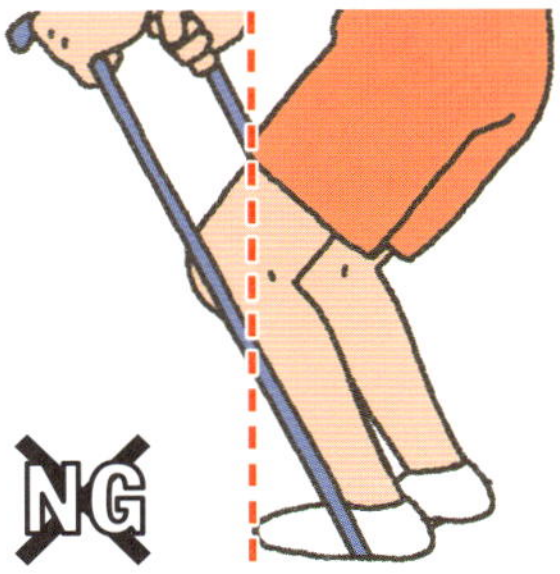

レッグレイズ（フロント）

立ち姿勢の安定と歩行能力に関わる筋肉を鍛え、これらの改善と同時に膝痛の原因を改善する

訓練部位

大腿四頭筋

腸腰筋

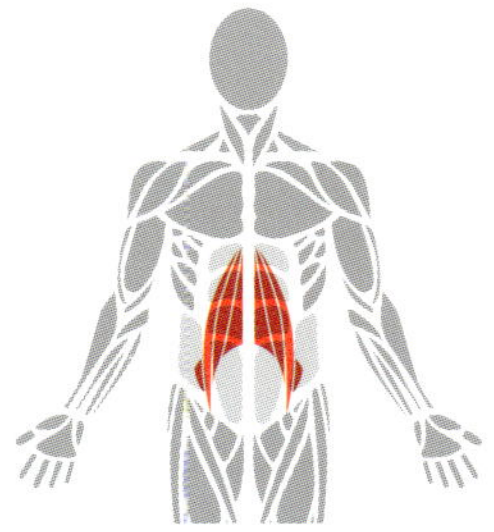

大腿四頭筋と腸腰筋は、体重を支え立ち姿勢を保つ働きがあります。これらの筋肉が衰えることで、立位姿勢が安定しなくなったり、歩行能力が衰えたりします。また、大腿四頭筋は膝関節を支える役割もあるため、この筋力の低下は膝痛の原因になる可能性もあります。

チューブの抵抗を利用して負荷をかけ、これらの筋肉を鍛えましょう。両脚をチューブにくぐらせて仰向けになり、片脚ずつ太ももの付け根から上げていくトレーニングです。

※チューブの持ち方はP126『チューブの使い方と種類』参照

1

両脚をチューブにくぐらせて仰向けに寝る

両脚をチューブにくぐらせて仰向けに寝ます。このとき両脚は伸ばして軽く閉じておきます。腕は体に沿わせていても、バランスをとるため開いていても構いません。

ポイント！ 反動を付けず、太ももの付け根から上げる

脚を上げるときは、反動を付けて勢いで上げようとせず、ゆっくり上げていくことが重要です。また、膝を曲げず脚を伸ばし、太ももの付け根から上げるよう指導しましょう。

2 脚を伸ばしたまま片脚を上げていく

1の状態からゆっくり片脚（ここでは左脚）を上げていきます。このとき脚は伸ばしたまま膝が曲がらないように注意します。

> 声かけ例
> ゆっくり片脚を上げていきましょう

3 可能な限り脚を上げる

チューブの負荷を感じるようになりますが、『ややきつい』と感じる程度まで脚を上げていきます。

> 声かけ例
> ややきついと感じるところまで上げてみましょう

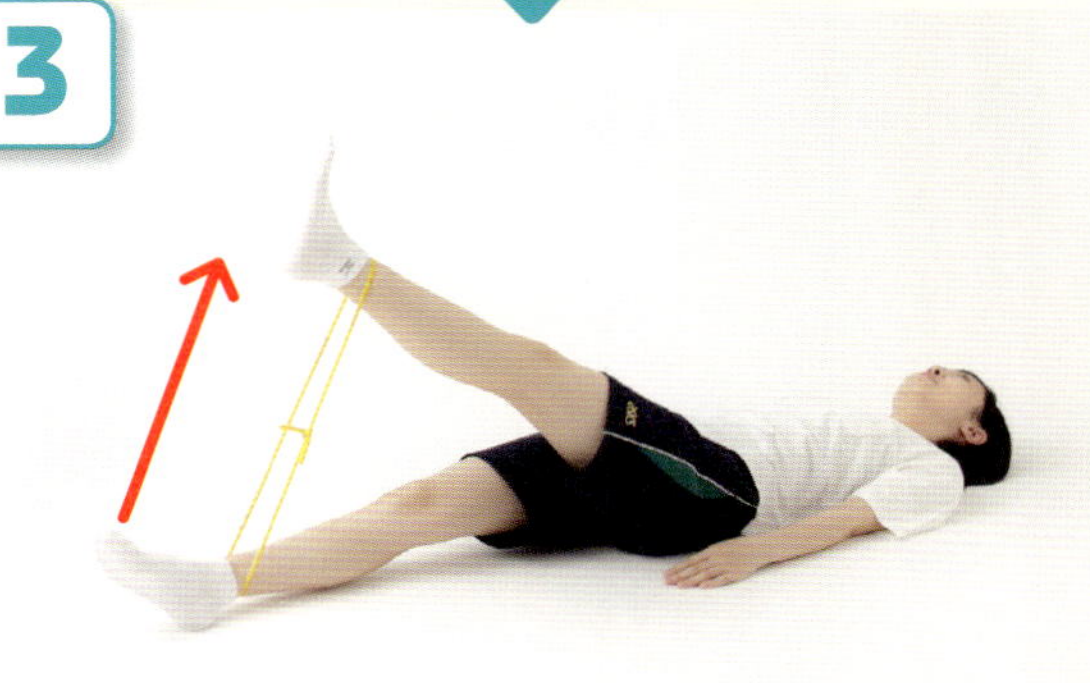

4 ゆっくりと元に戻り、もう一方の脚で2から4を繰り返す

3の状態で足を止める必要はなく、すぐに下ろす動作に移って構いません。ゆっくりと1の状態に戻り、2から4の運動を左右交互に行います。

> 声かけ例
> ゆっくり戻っていきます

注意 体を使って上げようとしない

この運動では、脚を高く上げることだけ意識すると、腰を浮かせ、体を使って脚を上げようとしがちですので注意してください。

脚を高く上げることが重要なのではなく、正しい姿勢で筋肉に負荷をかけることを意識してもらいましょう。

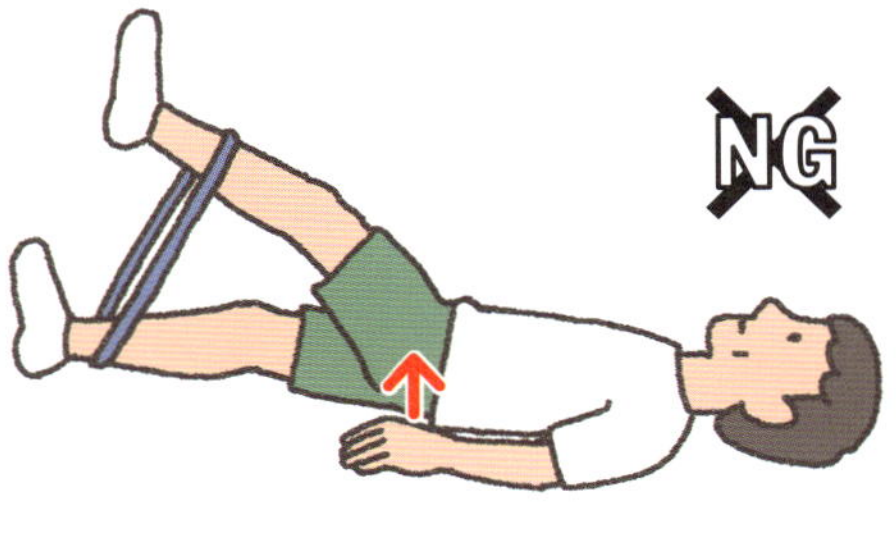

レッグレイズ（サイド）

歩行時の安定性や体の軸を固定する筋肉を鍛え、骨盤の安定とスムーズな歩行を維持する

1 チューブに両脚をくぐらせて立つ

チューブに両脚をくぐらせて立ちます。

2 脚を伸ばしたまま右側に開く

1の状態からゆっくり片脚（ここでは右脚）を右側に開いていきます。このとき脚は伸ばしたままで膝が曲がらないように注意します。

声かけ例
ゆっくり脚を開いていきましょう

※チューブの持ち方はP126『チューブの使い方と種類』参照

訓練部位

大腿四頭筋

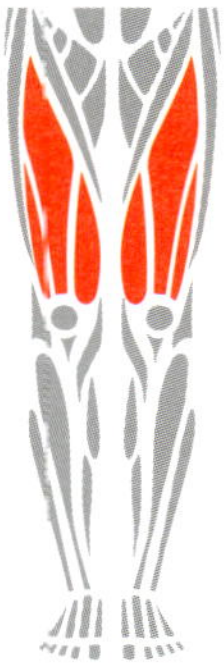

大腿四頭筋は、膝を曲げたり伸ばしたりする際に用いられる筋肉です。この筋肉が衰えると、歩行時はもちろん、立ち姿勢を長時間維持するのが辛くなるなどの症状が現れることが考えられます。そこで、チューブの負荷を利用して、脚を外側に開く運動を行い、大腿四頭筋を鍛えましょう。

同時に、応用例として、脚を内側に引き付ける運動も紹介していきます。この運動では太もも内側、大内転筋を鍛えることができ、歩行時の安定や体の軸の固定に効果が期待できます。

ポイント！ 戻す動作をゆっくりと

　この運動では、脚を開くときも勢いをつけずにゆっくり行いますが、戻す際は、よりゆっくり戻すよう指導しましょう。

　チューブの負荷（引っ張られる力）に抗い、ゆっくり戻していくイメージです。また、膝が曲がらないよう注意しましょう。片脚で立つことになるので、安定しない場合は壁に手を着くなどして行っても構いません。

3 可能な限り開いたら、ゆっくり戻る

②で可能な限り脚を右側に開いたら、その状態を保持する必要はありません。ゆっくり脚を戻していきます。

> 声かけ例
> 開いたらゆっくり戻していきましょう

4 ②から④を繰り返す

①の状態に戻ったら、②から④を繰り返します。実施者がややきついと感じる程度、繰り返して行います。

> 声かけ例
> ややきついと感じる回数、繰り返してみましょう

5 脚を入れ替えて行う

④でややきついと感じる回数を繰り返したら、脚を入れ替えて同じ運動を行います。

> 声かけ例
> 次は反対の脚で行いましょう

応用 脚を内側に引き付ける

この運動では、脚を外側に開きましたが、サイドでも内側に引き付けていく運動もあります。この場合はチューブの両端をパートナーが持ち、中央付近を足首の内側に掛けて行います。太ももを内側に寄せたり、骨盤を安定させる働きのある大内転筋に働きかけ、歩行時の安定性や体の軸の固定に効果が期待できます。

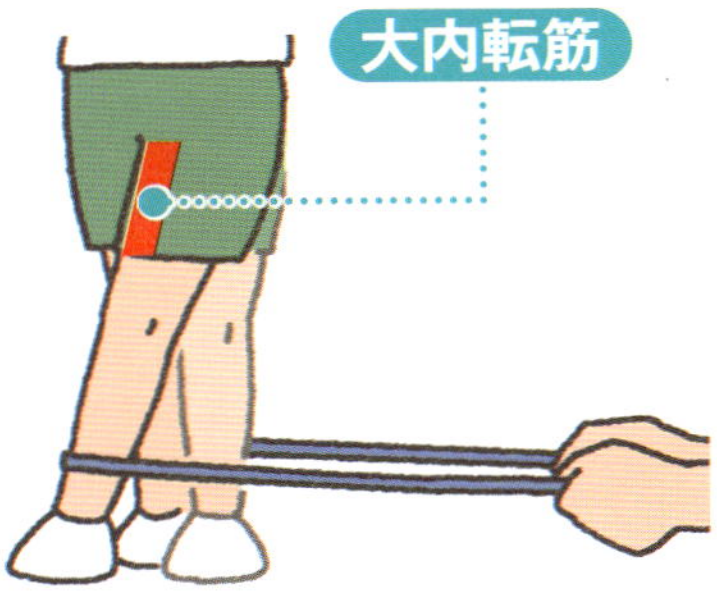

レッグレイズ（バック）

立ち姿勢の安定と歩行能力に関わる筋肉を鍛え、これらの改善および膝痛の原因を改善する

※チューブの持ち方はＰ１２６『チューブの使い方と種類』参照

半膜様筋と半腱様筋、大腿二頭筋は、いわゆるハムストリングスと呼ばれる太もも裏側の筋肉です。これらの筋肉が衰えてくると、歩行能力が低下するだけでなく、転倒のリスクも高くなります。

ハムストリングスを鍛えて、歩行能力を高めるとともに、転倒を予防することが重要です。

ここでは、Ｐ１００で行ったレッグレイズの逆方向の動き、脚を後方に引き上げていく運動を、立ち姿勢で行います。この運動を、チューブの負荷を用いて行いましょう。

訓練部位

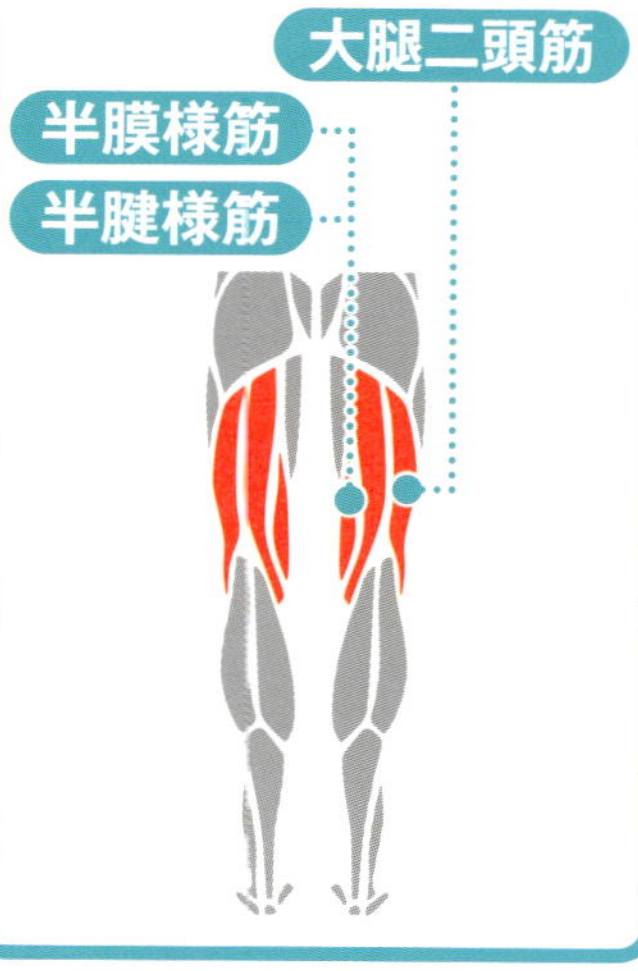

1

両脚をチューブにくぐらせて立つ

両脚をチューブにくぐらせて立ちます。このとき両脚は軽く開き、手を腰に当てておきます。バランスが崩れそうな場合は、手を壁などに当てておいても構いません。ただし、腕に体重を乗せるなどして、体を前傾させないよう注意します。

注意 膝を曲げないように注意

脚を引き上げる際、膝は曲げず、太ももの付け根から可能な範囲で足を引き上げていくことが重要です。

2

脚を伸ばしたまま片脚を引き上げていく

①の状態からゆっくり片脚（ここでは右脚）を後方に上げていきます。このとき脚は伸ばしたままで膝が曲がらないように注意します。

声かけ例
ゆっくり片脚を引き上げていきましょう

3

可能な限り脚を上げる

徐々にチューブの負荷を感じるようになりますが、『ややきつい』と感じる程度まで脚を後方に上げていきます。

声かけ例
ややきついと感じるところまで上げてみましょう

4

ゆっくりと元に戻り、もう一方の脚で②から④を繰り返す

③の状態で脚を止める必要はなく、すぐに戻す動作に移って構いません。ゆっくりと①の状態に戻り、②から④の運動を左右交互に行います。

声かけ例
ゆっくり戻っていきます

ポイント！ 正しい姿勢で行う

この運動では、脚を後方へ引き上げる際、前傾姿勢になってしまうことがあります。前傾姿勢のままこの運動を行おうとすると、腰が曲がりやすくなり、ハムストリングスへの負荷がかかりにくくなります。手を壁に当てるのは、あくまでもバランスを保つためであることを指導しましょう。

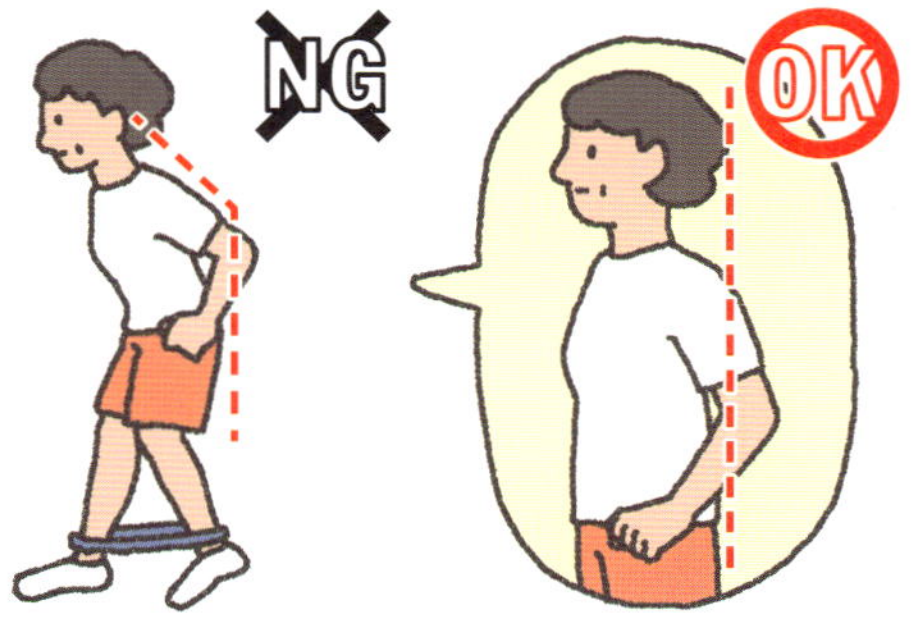

ヒールレイズ

ふくらはぎの筋肉を鍛え、姿勢を安定させるとともに、血液循環を促す

下腿三頭筋、いわゆるふくらはぎは、第二の心臓とも言われ、血液循環と密接にかかわる重要な筋肉です。また、ふくらはぎを鍛えることで、足首が強化されるため、立ち姿勢の安定にもつながります。この筋肉は、主に足首の曲げ伸ばしで使用されているため、衰えることで足首の曲げ伸ばしが行いにくくなり、歩行に影響を及ぼすことが考えられます。

そこで、つま先立ち運動を、負荷のかかるチューブを用いて行いましょう。

訓練部位

下腿三頭筋

（腓腹筋・ヒラメ筋）

※チューブの持ち方はP126『チューブの使い方と種類』参照

1

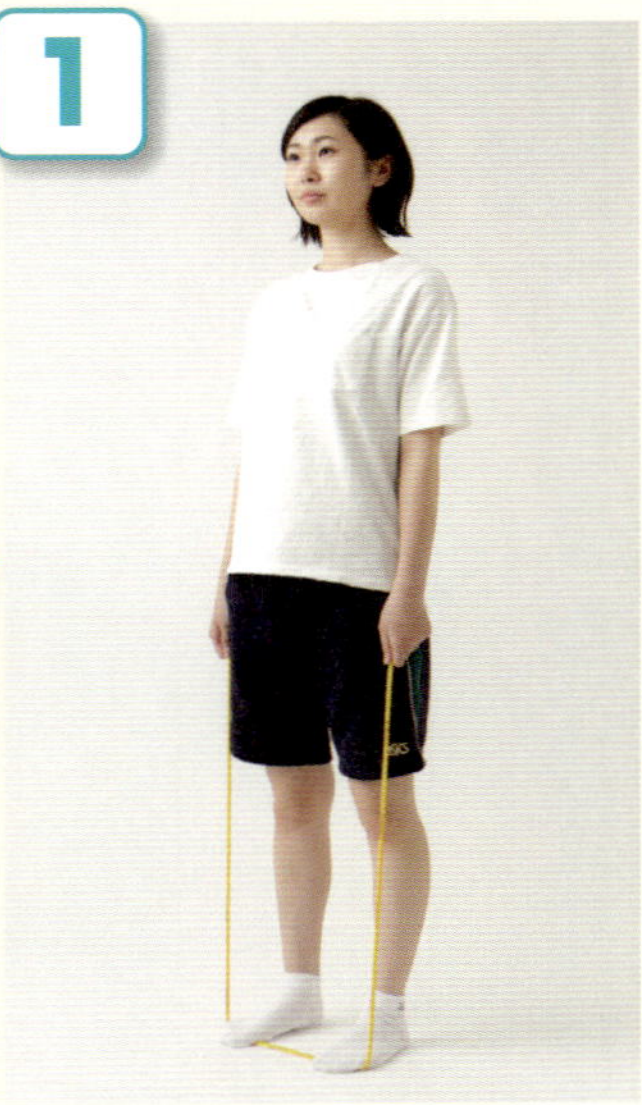

両足の指の付け根付近でチューブを踏んで立つ

チューブを両手で持ち、両足の指の付け根付近で踏みます。両足は着けておく必要はありません。バランスが取れる程度に、軽く開いておきます。

注意 **腕でチューブを引き上げない**

チューブを持つ腕はリラックスし、かかとを浮かせた力がチューブを引き上げていることを感じ取ってもらうようにしましょう。

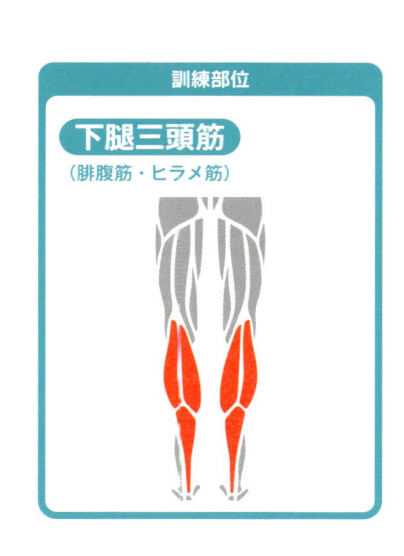

2

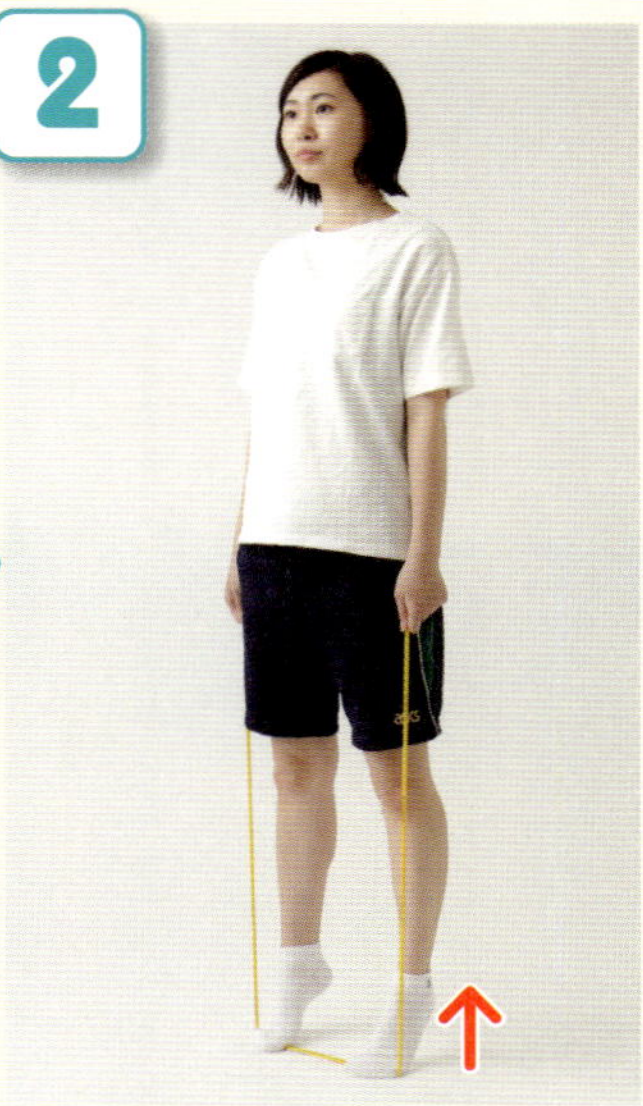

両脚のかかとを浮かせる

①の状態から両脚のかかとを同時に浮かせていきます。このとき腕の力は抜き、つま先ではチューブを踏みつけるよう意識しておきます。

声かけ例
ゆっくりかかとを浮かせていきましょう

3

可能な限りかかとを浮かせる

②でつま先を踏みつけるように意識すると、自然とかかとが浮いてきます。可能な限りかかとを浮かせましょう。

声かけ例
ややきついと感じるところまで浮かせてみましょう

4

ゆっくりと元に戻り、②から④を繰り返す

ゆっくりと①の状態に戻り、②から④の運動を繰り返し行います。

声かけ例
ゆっくり戻っていきます

ポイント！ つま先で床を押す意識で

この運動はかかとを浮かせますが、意識としては『かかとを浮かす』よりも『かかとを浮かすときに、つま先で床を押す』と捉えた方が実施しやすくなります。つま先で床を強く押そうとすればするほど、自然とかかとが上がります。

また、この運動では、かかとを浮かせたとき、その状態で止まり、状態を保持する必要はありません。可能な限りかかとを浮かせたら、ゆっくり下ろしていきましょう。

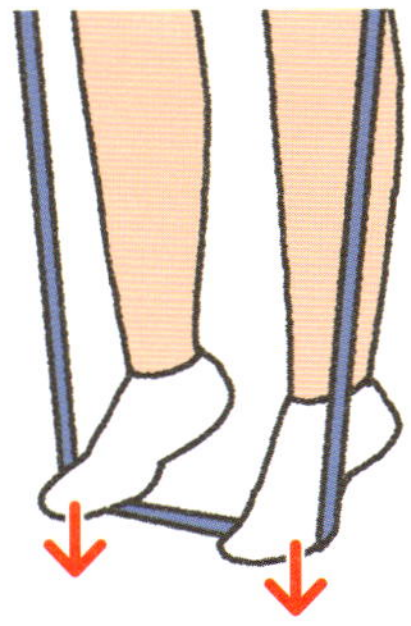

リストカール

前腕を鍛えて握力を強化し、ものを掴んだり運んだりする力を養う

浅指屈筋と深指屈筋は、前腕の深層部にある筋肉です。これらの筋肉は、ものを持つ、握るといった行動で使われているため、衰えれば、ものを掴む力が弱くなってしまいます。そのため、重量のあるものを持ったり運んだりという動作が困難になり、日常の様々な場面で不自由を強いられる可能性が出てきます。

　この筋肉を鍛えることで、手首を強化し、握力を高める効果が期待できます。負荷のかかるチューブを用いて、手首を鍛える運動を行いましょう。

訓練部位

浅指屈筋　深指屈筋

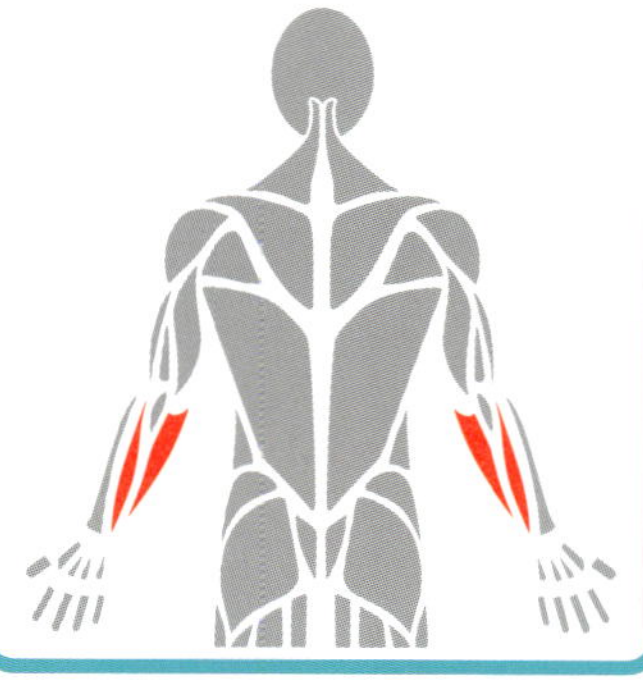

※チューブの持ち方はP126『チューブの使い方と種類』参照

1

チューブの一方を足で踏み、一方を持つ

チューブの一方の端を足で踏み、もう一方の端を手で持ちます。このとき、肘は直角に曲げて体側に着けた状態で、チューブのたるみがなくなるよう調節しておきます。

注意　肘を動かさない

　肘を動かすと、手首にしっかり負荷がかかりにくいため、手首の動きのみでチューブを持ち上げるようにしてください。

肘を固定したまま 手首の曲げ戻しを行う

1の状態から肘は固定したままで、手首の曲げ戻しを繰り返し行います。

声かけ例
肘が動かないように注意しましょう

2

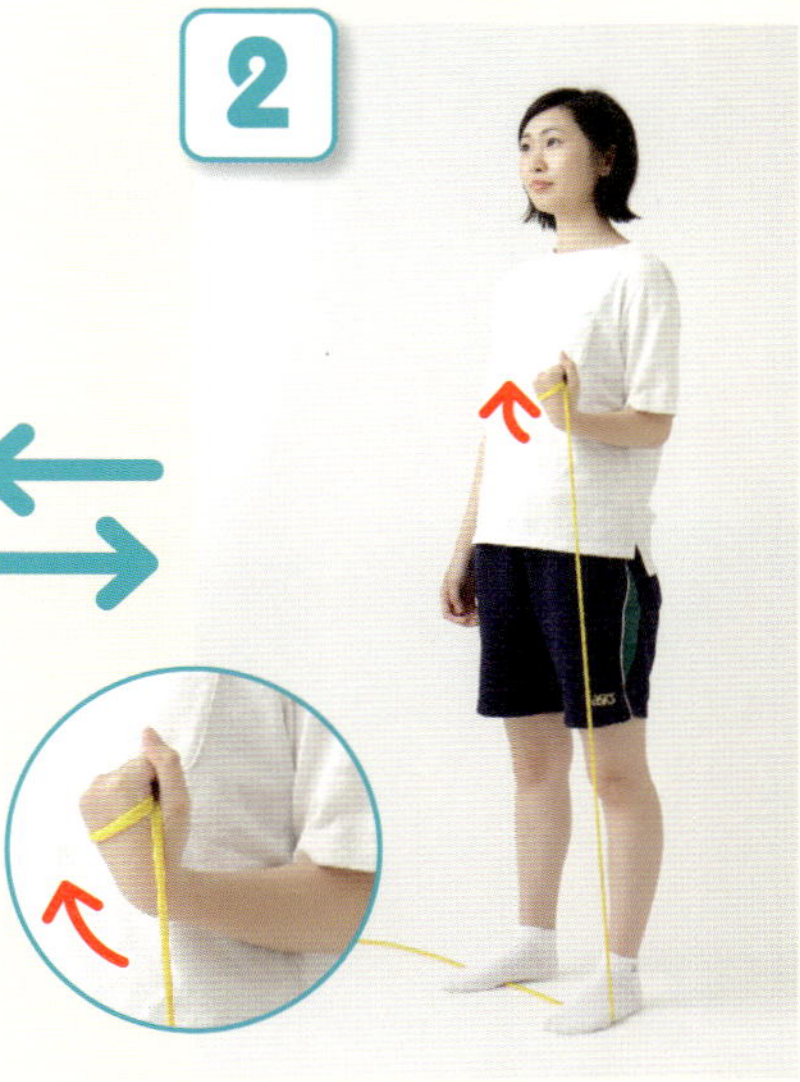

腕を替えて行う

『少しきつい』と感じるようになったら、左右を替えて行います。

声かけ例
手を替えて行ってみましょう

3

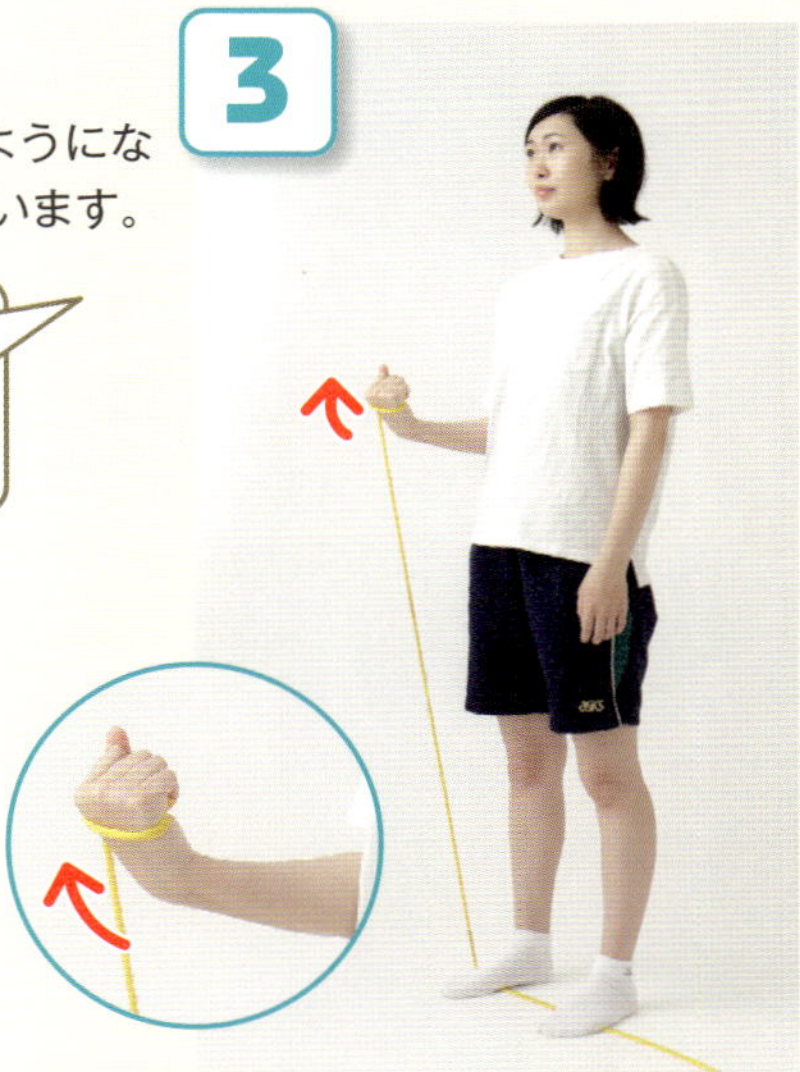

応用例

負荷を大きくして行う

負荷を大きくして行う場合は、チューブが少し張った状態で行ってみましょう。チューブの張り具合で、負荷の強弱を調節することができます。

ポイント! **手首をしっかり固定する**

手首を上に曲げる際、無意識に腕も使って引き上げようとしてしまうことがあります。これは負荷が大きければ大きいほど、顕著になります。これでは手首への負荷が弱くなるため、効果的な運動とはなりません。

そこで、腕が上がらないよう、空いているもう一方の手で手首付近を押さえながら実施するとよいでしょう。訓練部位の筋肉の動きが感じ取れます。

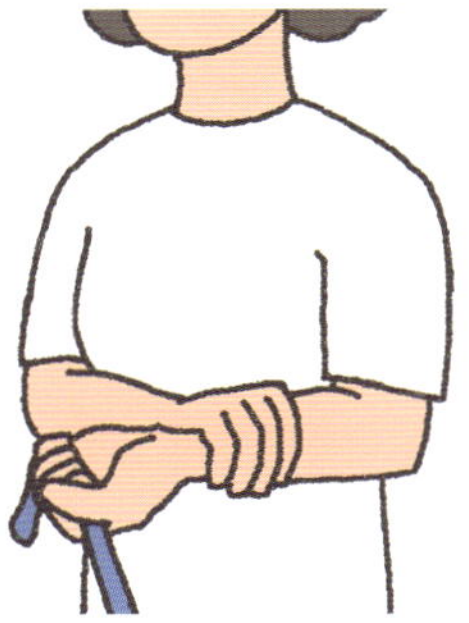

アームカール

上腕を強化し、ものを持ち上げたり、持ち運ぶ力を養う

上腕二頭筋は、腕を曲げたとき上腕にできる、いわゆる『力こぶ』と呼ばれる隆起を形成する筋肉です。この筋肉は、主に肘を曲げる動作で使われるため、ものを持ち上げたり、持ち運んだりする能力に関係します。そのため、この筋肉が衰えると、ものを持ち上げたり持ち運ぶことが困難になるため、荷物を持つことを避けるようになってしまいます。

ここでは、チューブの負荷を利用して、肘を支点に腕を曲げる運動を行い、上腕二頭筋を強化していきましょう。

訓練部位

上腕二頭筋

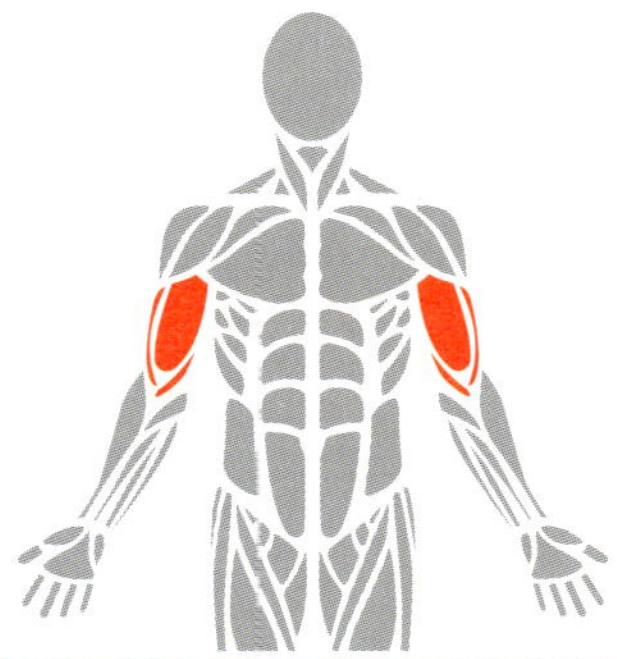

1

チューブの一方を足で踏み、もう一方を持つ

チューブの一方の端を足で踏み、もう一方の端を手で持ちます。このとき、腕を伸ばして手のひらが前を向くように体側に着けた状態で、チューブのたるみがなくなるよう調節しておきます。

応用例

チューブの負荷を調節する

この運動では、可動範囲が大きくなるため、実施者のレベルに応じてチューブの負荷を調節してみましょう。たるみが大きくなれば、負荷は弱まり、引っ張った状態から開始すれば、負荷は大きくなります。

また、使用するチューブの種類によっても、負荷を変えられます。

※チューブの持ち方はP126『チューブの使い方と種類』参照

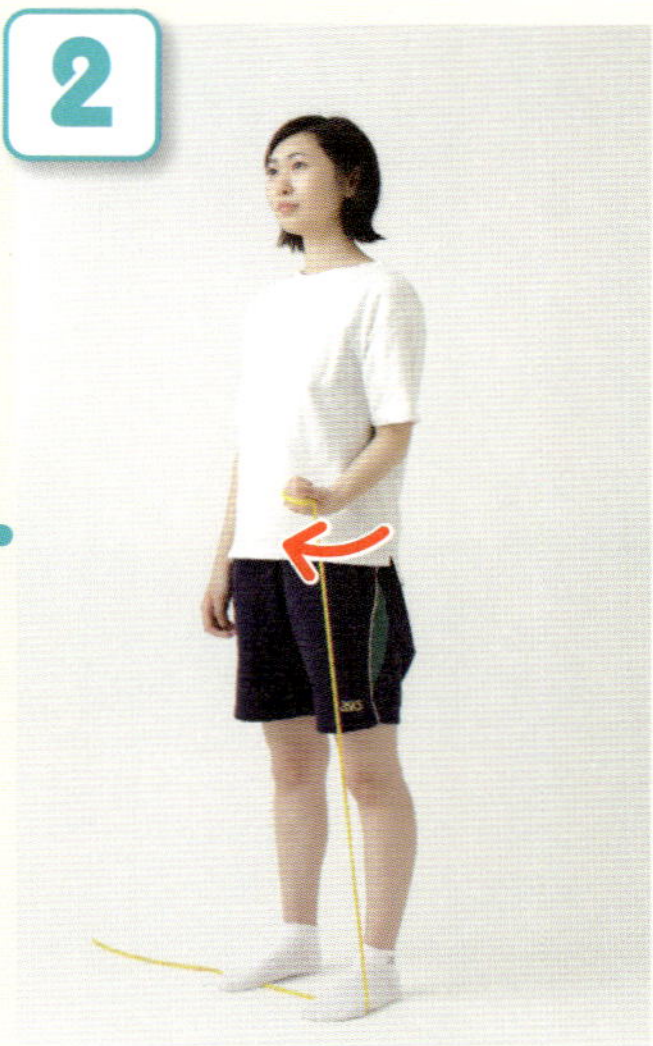

2 上腕の位置を固定したまま肘を曲げる

1の状態から、肘から上の上腕は固定したままで、肘を曲げて前腕を引き上げていきます。

声かけ例
肘の位置を動かさないようにしましょう

3 可能な限り肘を曲げる

チューブの負荷がかかっているため、完全に肘を曲げることはできないかもしれません。それでも可能な限り肘を曲げていきますが、その位置をキープする必要はありません。

声かけ例
曲げられるところまで頑張ってみましょう

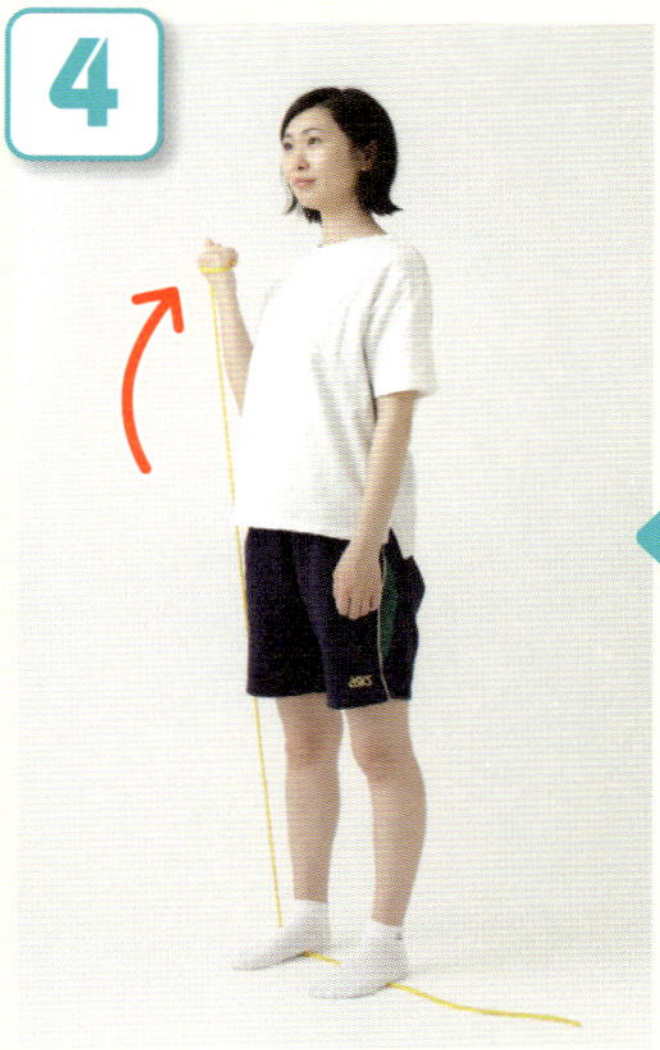

4 ゆっくりと元に戻り、1から3を繰り返す

ゆっくりと1の状態に戻り、1から3の運動を繰り返し行います。『少しきつい』と感じるようになったら、左右を替えて行います。

声かけ例
少しきついと感じるまで頑張ってみましょう

注意　肘の位置を動かさない

この運動では、肘を曲げて前腕を引き上げていくとき、肘を前方、あるいは後方に動かしてしまいがちです。これでは効果的な運動にならないので、肘は必ず体側に着け、脇をしっかり締めた状態で、固定させておくよう指導しましょう。

　また、肘を曲げるとき、同時に手首も曲げて引き上げようとすることもありますが、手首は曲げずに、真っ直ぐに固定したまま行うことが重要です。

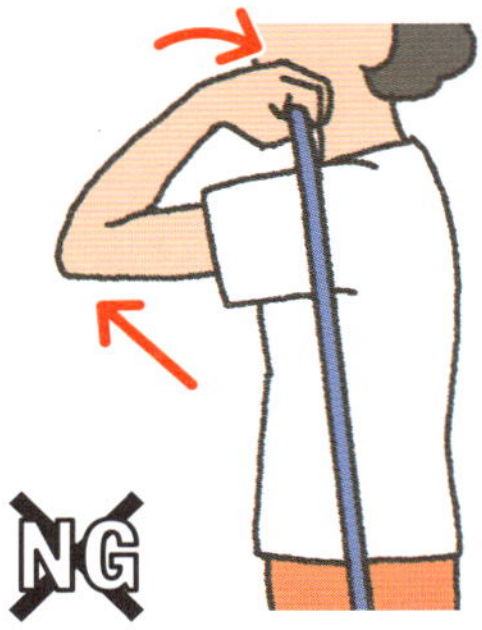

プッシュアウェイ

上腕を強化し、ものを引っ張る力を養う

上腕三頭筋は、『力こぶ』とは反対側の、上腕の外側、背中側にある筋肉です。この筋肉は肘を曲げるときはもちろんですが、腕を後ろに引き下げるなど、ものを引っ張る動きをするときに用いられます。この筋肉が衰えると、ものを持った腕を自分の体の中心に引き寄せたり、あるいは腕を体よりも後ろに引き下げる動きが困難になってきます。

ここでは、チューブの負荷を利用して、肩を支点に腕を後方へ引っ張る運動を行い、上腕三頭筋を強化していきましょう。

訓練部位

上腕三頭筋

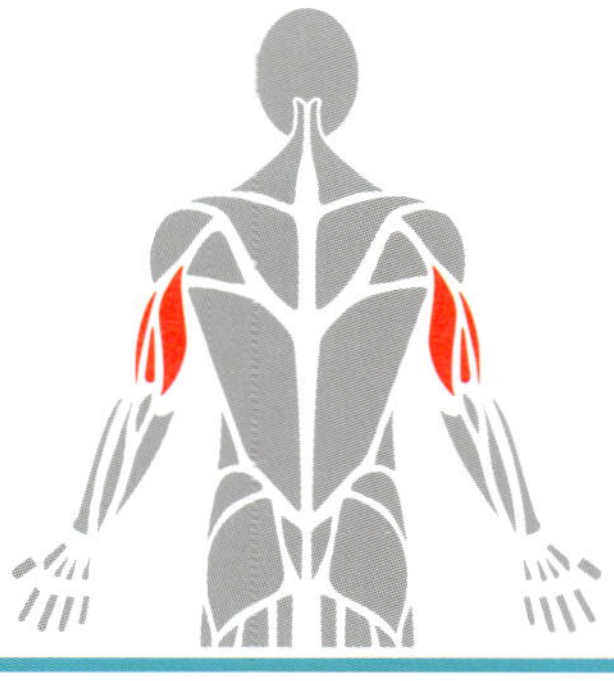

1

チューブを両手で持ち、両足で踏んで立つ

チューブを両手で持ち、両足は肩幅程度に開き、チューブを踏んでおきます。このとき、腕を伸ばして手のひらを内側に向け、チューブのたるみがなくなるよう調節しておきます。

※チューブの持ち方はP126『チューブの使い方と種類』参照

応用例

チューブの負荷を調節する

実施者が五十肩で肩痛があるなどの理由で可動域が狭い場合は、チューブを少し引っ張った状態から始めてもいいでしょう。可動域が狭くても十分な負荷がかけられるよう、チューブを調節してあげてください。

2

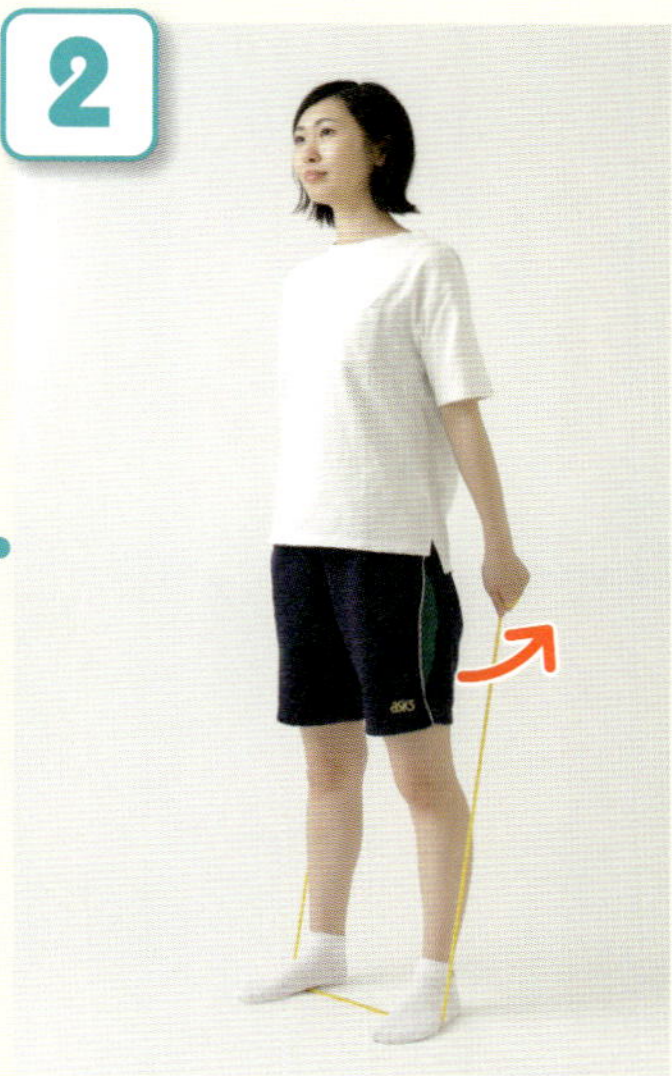

腕を伸ばしたまま、まっすぐ後方へ引っ張る

[1]の状態から、肘は曲げずに伸ばしたままで、腕を後方にまっすぐ引っ張っていきます。

> 声かけ例
> 肘を曲げないように注意しましょう

可能な限り引っ張る

3

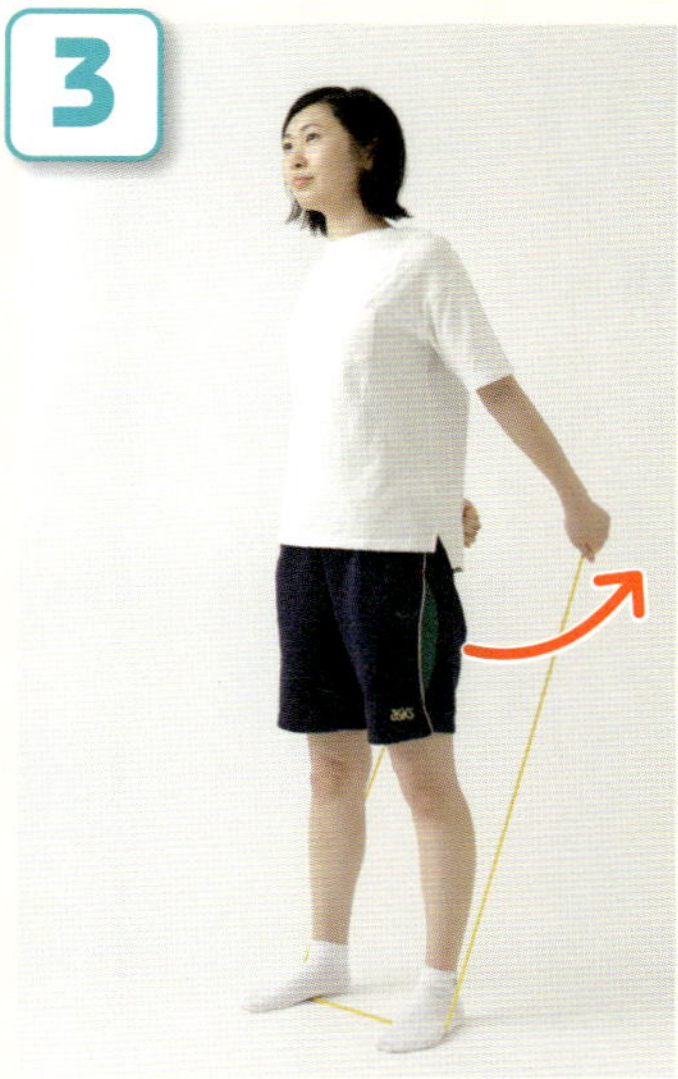

可能な限り腕を後方に引っ張ります。ただし、到達点でその位置を保持する必要はありません。

> 声かけ例
> 引っ張れるところまで引っ張ってみましょう

4

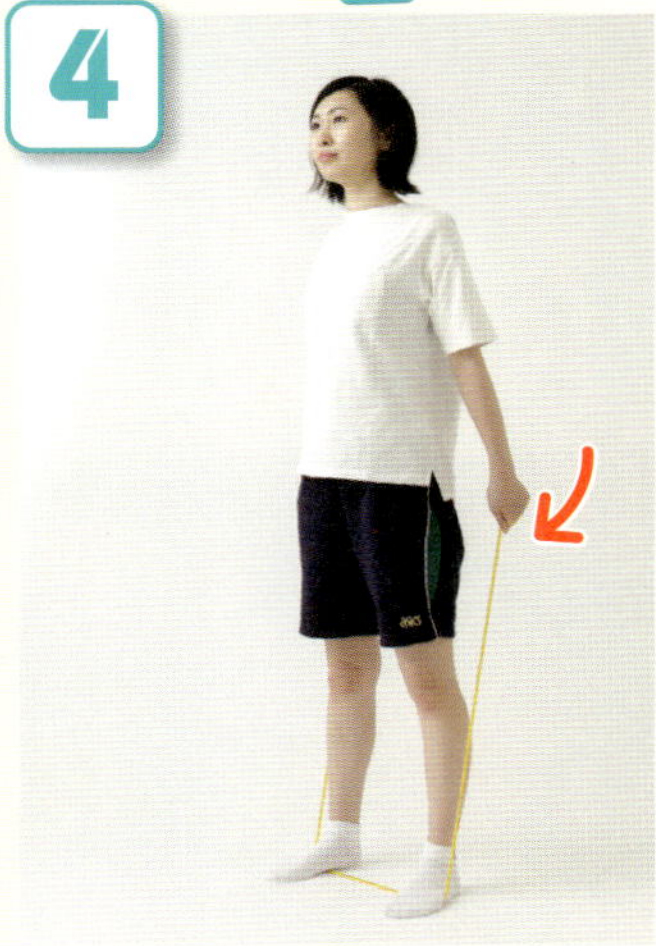

ゆっくりと元に戻り、[2][4]を繰り返す

ゆっくりと[1]の状態に戻り、[2]から[4]の運動を繰り返し行います。

> 声かけ例
> チューブに引っ張られるのではなく、ゆっくり戻します

注意 引っ張るときに脇を開かない

この運動では、肘を曲げずに腕をまっすぐにしておくことも重要ですが、後方に引っ張る際、脇が開いてしまわないように注意しておくことも重要です。脇を開かず、腕を真後ろに引くよう指導しましょう。

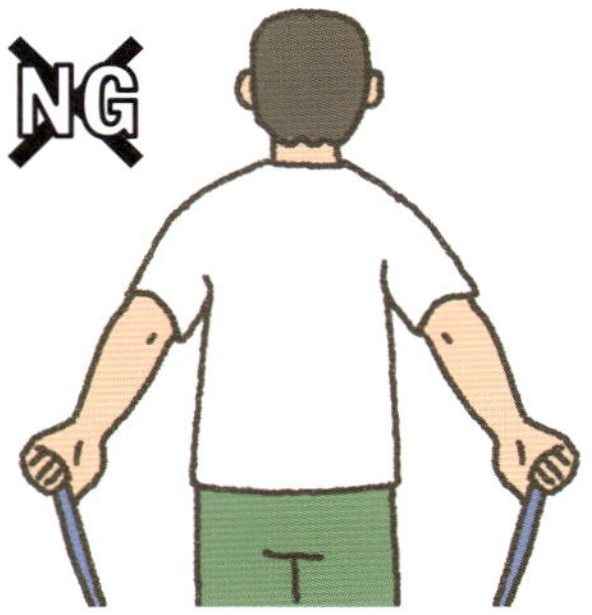

サイドレイズ

三角筋を強化し、ものを引っ張る力を養うとともに、肩こりの改善を促す

三角筋は、肩を覆うように付いている筋肉です。この筋肉は、上肢の中で最も大きな筋肉であり、上半身で行う様々な動きに関与しています。

この筋肉が衰えると、もちろん、様々な動きが困難になってきますが、中でも上腕同様、ものを引っ張る動きが困難になってきます。また、この筋肉を鍛え血流がよくなることで、肩こりの改善も期待できます。

ここでは、チューブの負荷を利用して腕を真横に上げる運動を行い、三角筋を強化していきましょう。

1

チューブの一方を足で踏み、もう一方を持つ

チューブの一方の端を足で踏み、もう一方の端を手（ここでは右手）で持ちます。このとき、腕を伸ばして手のひらが内側を向くように体側に着けておきます。写真ではチューブにたるみを持たせていますが、たるみ具合や張り具合によって、負荷は自由に変えられます。

※チューブの持ち方はP126『チューブの使い方と種類』参照

ポイント！ 体幹が動かないように

この運動では、体を前後左右に倒す、あるいは揺れて腕を上げようとしてしまう場合があります。体が揺れないよう体幹をまっすぐに保持したまま、三角筋の力だけで腕を上げるよう指導しましょう。

訓練部位

三角筋

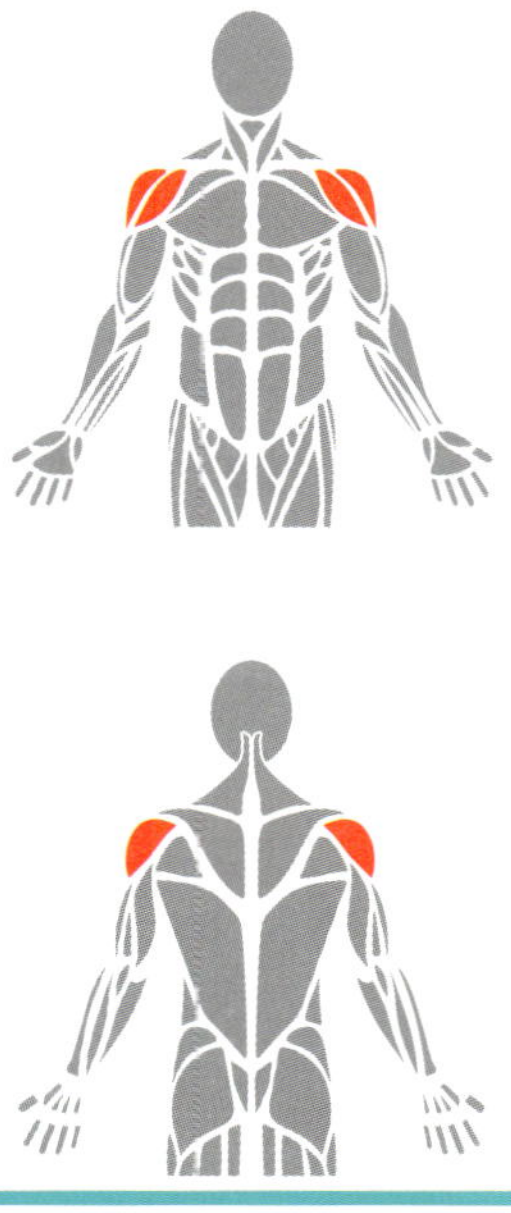

2 腕を伸ばしたまま、真横に引き上げる

①の状態から、肘は曲げずに伸ばしたままで、腕を真横に引き上げていきます。

> 声かけ例
> 肘を曲げないように注意しましょう

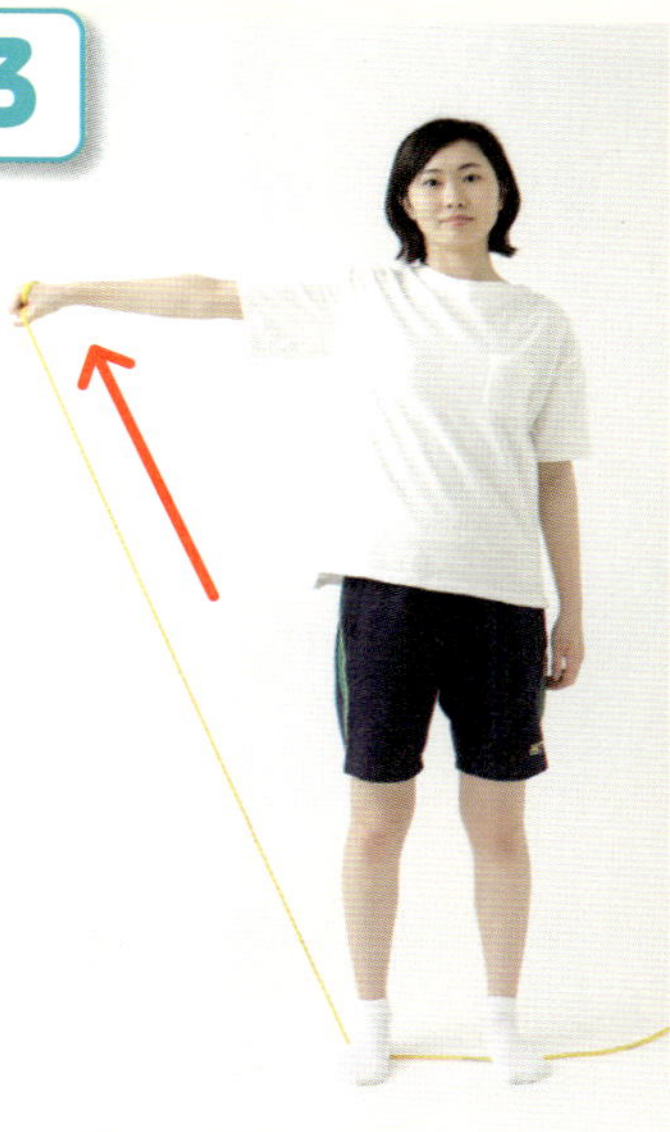

3 肩の高さまで引き上げる

可能であれば、腕を肩の高さまで引き上げます。ただし、肩よりも高く引き上げる必要はありません。

> 声かけ例
> 肩の高さまで頑張ってみましょう

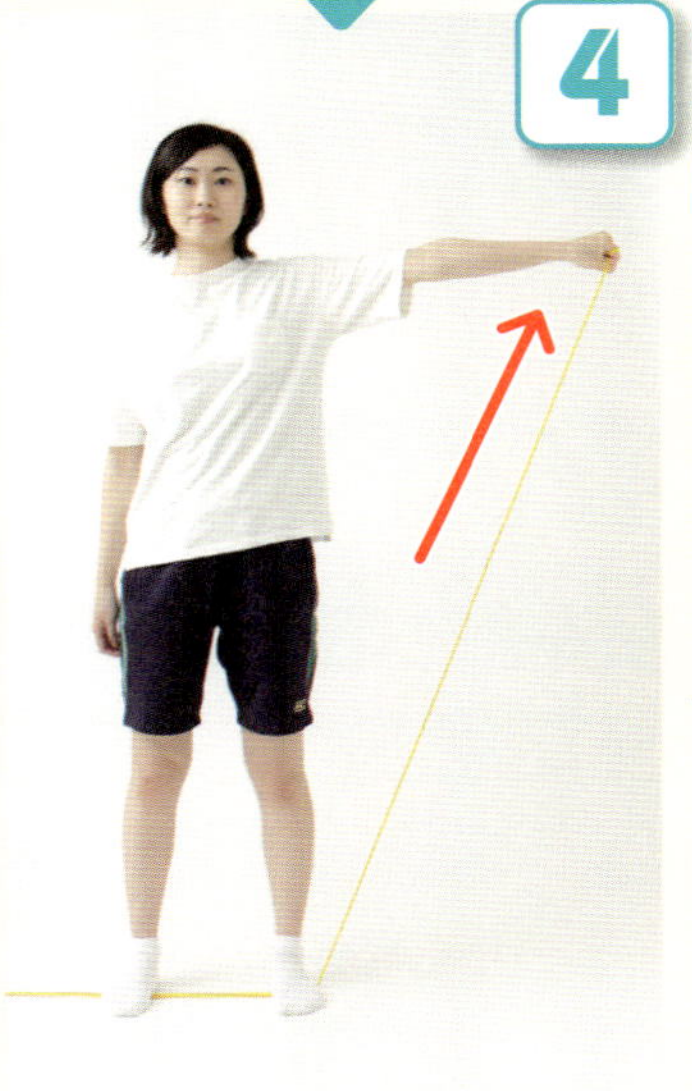

4 ゆっくりと元に戻り、②から④を繰り返す

ゆっくりと①の状態に戻り、②から④の運動を繰り返し行います。『少しきつい』と感じるようになったら、左右を替えて行います。

> 声かけ例
> チューブに引っ張られるのではなく、ゆっくり戻します

注意　手のひらを上に向けない

この運動では、チューブを持ったとき、手のひらが前方を向かないようにしておきましょう。手のひらを前方に向けて腕を上げていくと、三角筋に十分な負荷がかからなくなってしまいます。

腕を上げたとき、必ず手の甲が天井を向いているように行うことが重要です。

肩の内旋運動

肩のインナーマッスルを鍛え、可動域を確保するとともに、怪我がおこりにくい体を作る

訓練部位

肩のインナーマッスル
（棘上筋・棘下筋・小円筋）

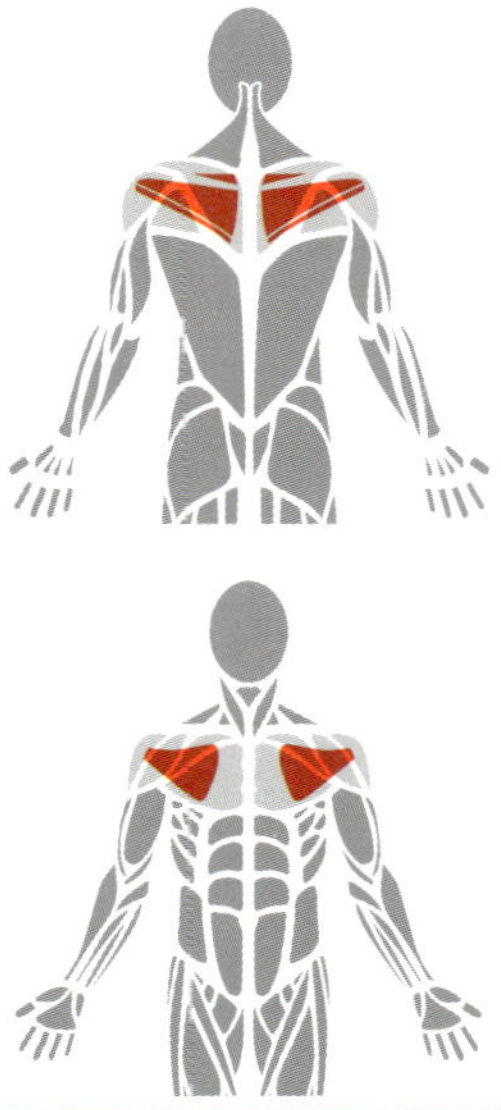

体の深層部に位置する筋肉をインナーマッスルと言います。肩においては棘上筋、棘下筋、小円筋などがあり、肩を動かす際に使用されています。これらは衰えることで、肩関節の可動域が低下するため、上肢のダイナミックな動きが行いにくくなります。さらには、可動域が低下するため、肩周辺を怪我しやすくなります。

そこで、チューブの負荷を利用して、これらのインナーマッスルを鍛えます。肩関節の安定と肩周辺の怪我がおこりにくい体を作っていきます。

1

チューブを胸の高さで持って立つ

チューブを片手（ここでは右手）で持って立ちます。このとき、チューブを持つ手は、手のひらを内側に向け、チューブは胸の高さにして、もう一方は壁などに固定するか、パートナーが保持しておきます。

※チューブの持ち方はP126『チューブの使い方と種類』参照

注意 **脇を固定し、手首を曲げない**

この運動を行うときは、肘が動かないよう固定しておくことが重要です。また、手首は使わず、曲げたりしないよう注意してください。

2

声かけ例
チューブを背中の方に引き伸ばしていきましょう

肘を直角にしてチューブを引き伸ばす

①の状態から脇を締め、肘を直角にした状態で、手の甲を外側に向けたまま、チューブを背中側に向かってゆっくり引き伸ばします。

3

声かけ例
引き付けたらゆっくり戻していきましょう

可能な限り引き付けたら、ゆっくり戻る

②で可能な限りチューブを背中側に引き伸ばしたら、その状態を保持する必要はありません。ゆっくり戻していきます。

4

声かけ例
ややきついと感じる回数、繰り返してみましょう

②から④を繰り返す

①の状態に戻ったら、②から④を繰り返します。実施者がややきついと感じる程度、繰り返して行います。

5

声かけ例
次は反対の腕で行いましょう

手を入れ替えて行う

④でややきついと感じる回数を繰り返したら、手を入れ替えて同じ運動を行います。

ポイント！ 体の回転で引き伸ばさない

チューブを引き伸ばす際は、上半身に捻りを加えないよう注意しましょう。負荷が大きくなるほど、負荷に抗おうと、無意識のうちに上半身を捻る動きを加えてしまいがちです。この運動は、体全体を使ってチューブの負荷に対抗することではありません。肩周辺のインナーマッスルを鍛える運動であると理解してもらい、実施してもらいます。

また、肘が動いてしまう場合がありますので、その際は脇にタオルなどを挟み、落とさないように行うといいでしょう。

チェストプレス

胸から上腕までの筋肉を鍛え、上半身で行う高負荷の動きをスムーズに行えるようにする

1

両手でチューブを持ち、背中に回す

チューブの両端を両手で持ち、チューブを背中に回します。このとき背中に回したチューブは、肩甲骨の上付近を通過させます。さらに、肘をなるべく肩の高さまで上げ、胸を張っておきます。

※チューブの持ち方はP126『チューブの使い方と種類』参照

ポイント! 大胸筋への負荷を意識させる

この運動では、絞りながら腕を伸ばしていくとき、しっかりと大胸筋に力が入っていることを意識しながら行うよう指導しましょう。

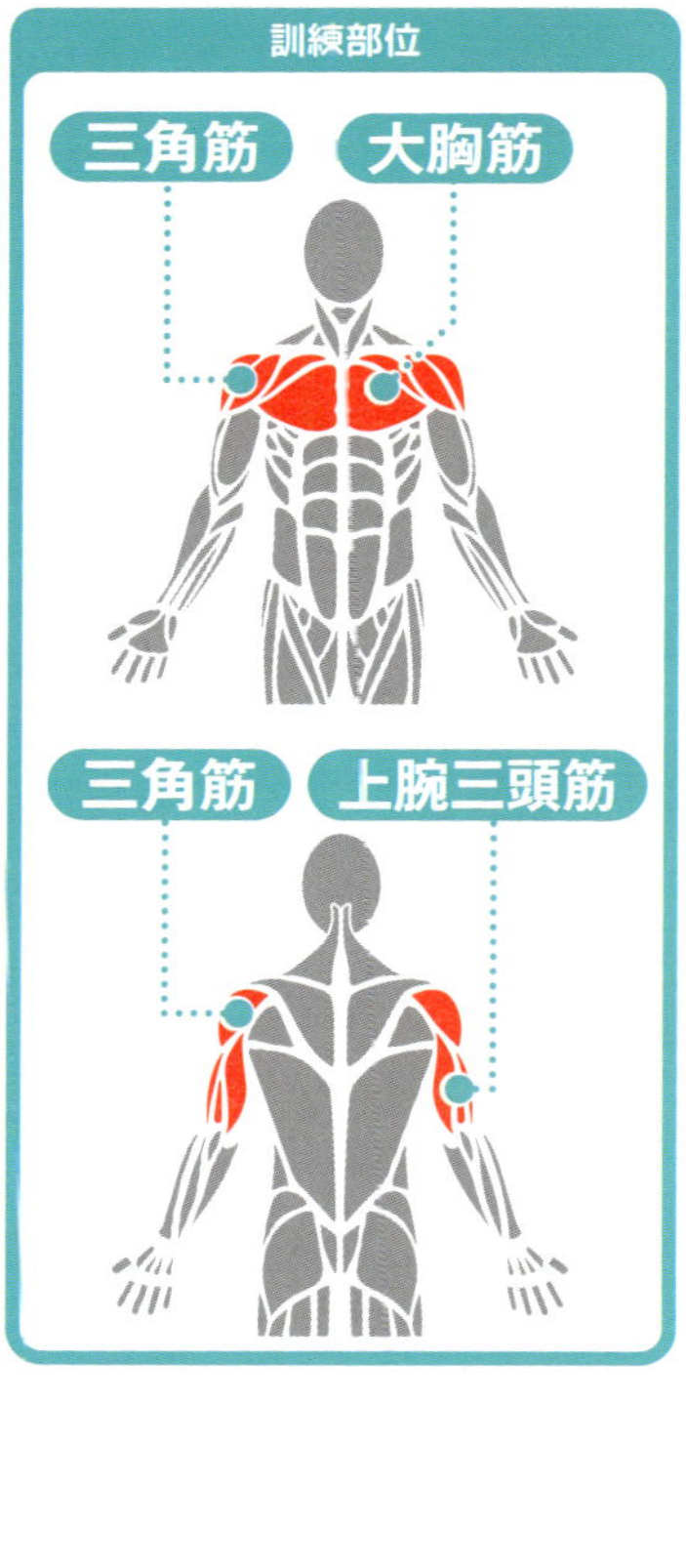

三角筋と上腕三頭筋は上肢に当たりますが、大胸筋は解剖学上、体幹に当たります。これらの筋肉は、重いものを持ち運んだり、腕を使った長時間の作業などを行うとき、密接に連動しています。そのため、これらの筋肉が衰えてくると、日常生活では、例えば買い物時の荷物の持ち運びなどで不自由を強いられる可能性があります。

そこで、ここではチューブの負荷を利用して、この3か所の筋肉を鍛えていきましょう。腕の軌道を変えることで、負荷のかかる筋肉を変えられます。

肘を下げずに腕を伸ばしていく

1の状態から、肘が下がらないように注意しながら、手を内側に絞っていくようなイメージで前に伸ばしていきます。

声かけ例
腕を絞って前に伸ばしていきましょう

拳1つ分くらいのスペースを空けて、腕をまっすぐ伸ばす

さらに腕を伸ばしていき、腕がまっすぐ伸びたとき、両手の間隔が拳1つ分くらいになるようにします。

声かけ例
手と手の間は拳1つ分くらいです

ゆっくりと元に戻り、2から4を繰り返す

ゆっくりと1の状態に戻り、2から4の運動を繰り返し行います。

声かけ例
チューブに引っ張られるのではなく、ゆっくり戻しましょう

応用例

まっすぐ伸ばせば三角筋と上腕三頭筋に効果

　この運動では、腕を絞るように伸ばしているため、3つの筋肉の中で、大胸筋により多くの負荷がかかっています。
　腕を伸ばしていくとき、内側に絞るような動きをせず、拳をまっすぐ前に押し伸ばしていくと、三角筋および上腕三頭筋により多くの負荷をかけることができます。

注意　チューブと肘の高さに注意

　背中に回したチューブは、イラストのように下（腰）の方を通過していると、効果的な運動とはなりません。必ず肩甲骨の上を通過させ、脇のすぐ下から前に持ってくるようにしてください。自分でできない場合は、補助者がチューブの位置を調節してあげましょう。
　また、この運動は肘を下げて行うと、十分な効果が得られませんので、肘の高さに注意してください。

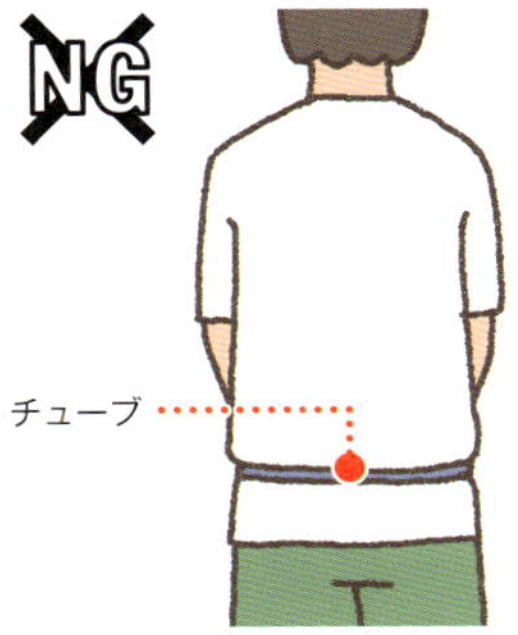

クランチ

腹筋や腸腰筋を鍛え、転倒しにくい体を作るとともに、腰痛を予防する

訓練部位

腹直筋

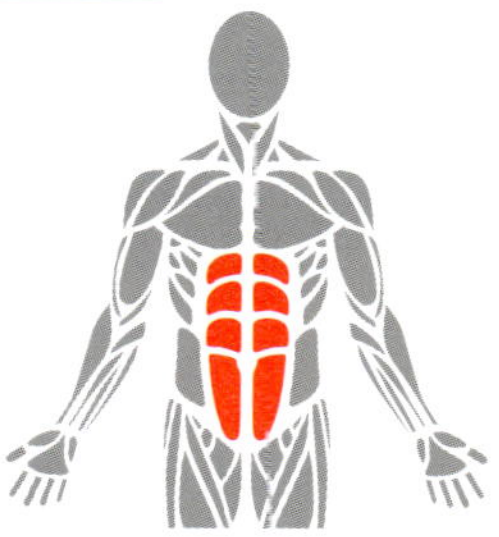

腸腰筋

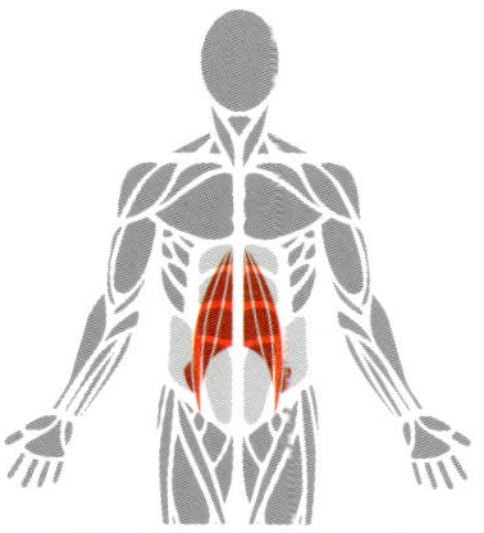

腸腰筋は、腸や腰付近にある筋肉で、上半身と下半身をつなぐインナーマッスルとも呼ばれています。腹直筋は、鍛えたときに「お腹が割れる」と表現される腹部の筋肉です。これらの筋肉は姿勢や体のバランスを保つ働きがありますが、衰えることで、姿勢やバランスが悪くなり、転倒しやすくなります。

さらに、腰痛を引き起こす恐れがあるため、予防する意味でもこれらの筋肉を鍛えることが重要になります。チューブを使って負荷をかけながら、足を引き上げる運動を行いましょう。

※チューブの持ち方はP126『チューブの使い方と種類』参照

1

両手でチューブを持ち、膝の上に当てる

椅子に座ってチューブの両端を両手で持ち、チューブを膝の上に押し当てます。

ポイント！ 可能な限り膝を上体を近づける

膝を上げると同時に上体も前に倒していきますが、このときはできる限り、膝と上体を近づけるように指導しましょう。この意識を持つことで、より腹直筋と腸腰筋には負荷がかかり、さらに効果的なトレーニングとなります。

2

お腹に力を入れて脚を引き上げる

[1]の状態から、片脚（ここでは右脚）を引き上げていきます。このときはお腹に力を入れ、チューブを引き伸ばすつもりで脚を上げます。

声かけ例
頑張って脚を上げてみましょう

3

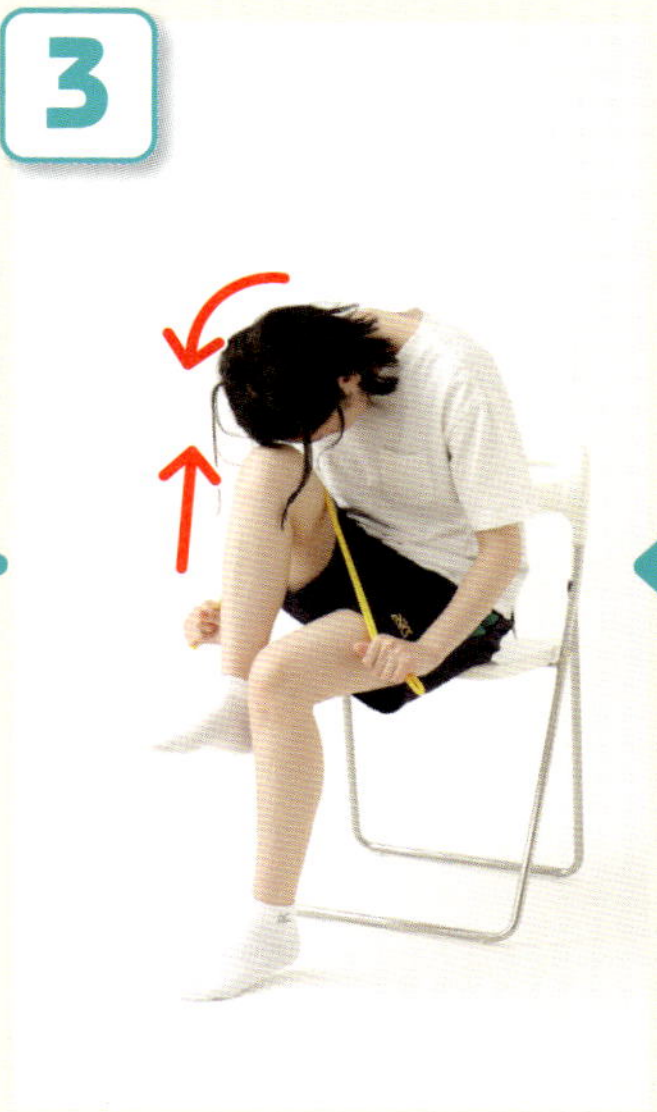

上体を前に倒す

[2]と同時に、脚を引き上げながら上体を前に倒していきます。背中を丸めて、お腹を引っ込めるようなイメージです。

声かけ例
背中を丸めて上半身を前に倒しましょう

4

ゆっくりと元に戻り、[2]から[4]を繰り返す

ゆっくりと[1]の状態に戻り、[2]から[4]の運動を左右交互に行います。

声かけ例
チューブに抵抗しながら、ゆっくり戻しましょう

注意

脚だけでチューブを引き上げない

この運動では、脚を上に上げていますが、負荷がかかるのは脚部というより腹直筋と腸腰筋です。そのため、脚を上げてチューブを引き伸ばすようなイメージで行ってしまうと、効果的な運動とは言えません。

運動は負荷のかかる位置（筋肉）を意識することで、より効果的となりますので、必ず腹筋に力が入っていることを意識させましょう。腹直筋と腸腰筋を使って脚を上げるイメージを持たせることが重要です。

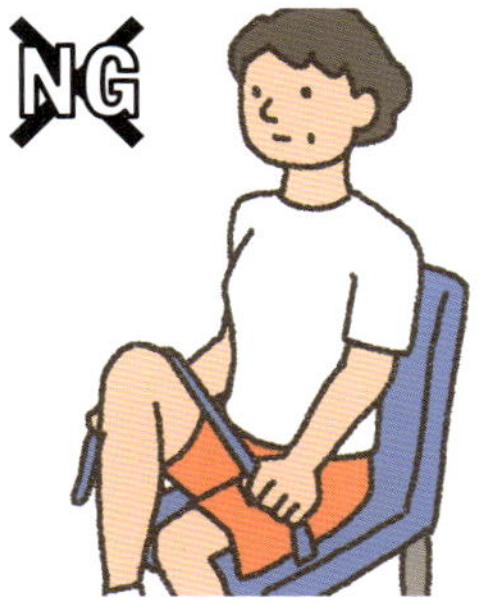

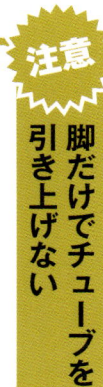

ローイング
広背筋と僧帽筋を鍛え、正しい姿勢を保持し、肩こりや猫背を予防する

広背筋は背中の広い範囲を覆う筋肉で、僧帽筋は肩から肩甲骨付近に位置する筋肉です。菱形筋は僧帽筋の下層部にある深層筋です。これらの筋肉は首や肩の動作、荷物を持ったりするときに使われます。また、姿勢を保持する役割もあるため、衰えると荷物を持つことが困難になり、姿勢が悪くなったり猫背になる恐れがあります。

そこで、チューブの負荷を利用して腕を引く運動を行い、広背筋と僧帽筋を鍛えましょう。血流がよくなり、肩こりの改善も期待できます。

訓練部位

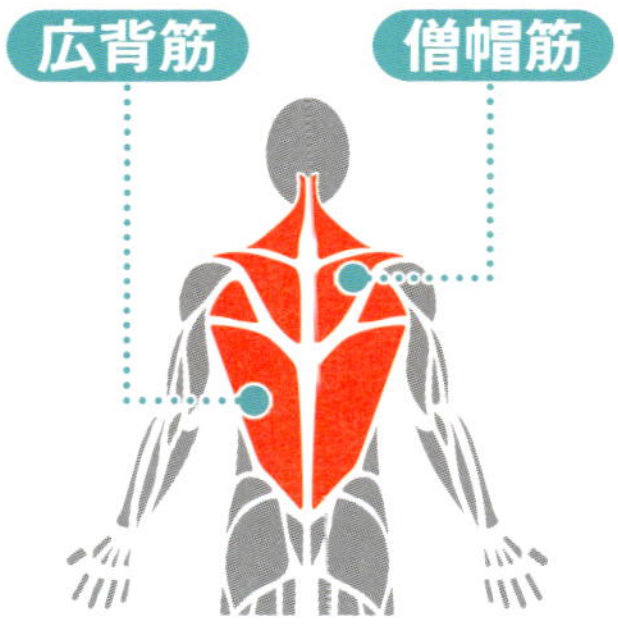

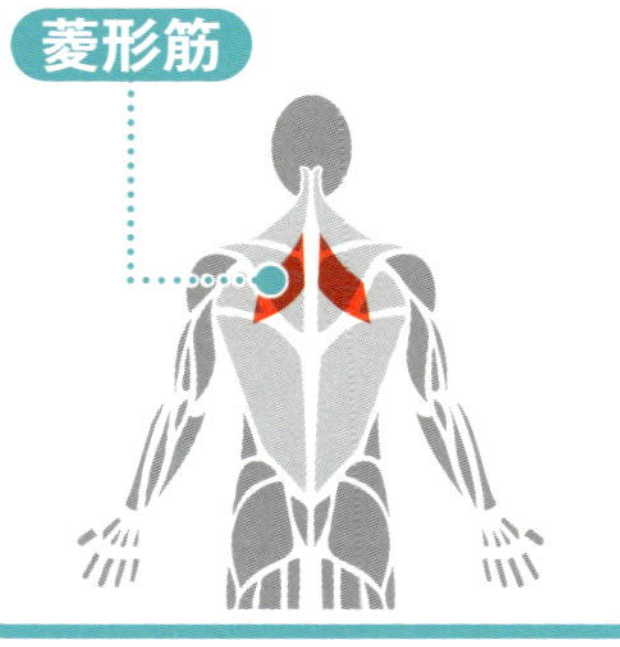

1

両手でチューブを持ち、中央をパートナーが持つ

チューブの両端を持ち、胸の高さで腕を前に伸ばします。足は肩幅に開いて立ちます。パートナーはチューブの中心を押さえておきます。あるいは柱などにチューブを通して行っても構いません。

※チューブの持ち方はP126『チューブの使い方と種類』参照

注意 **腕だけでチューブを引き付けない**

この運動は、上肢の筋力というよりは背中の筋肉を鍛えるために行っています。そのため、腕だけで引き付けようとしてしまうと、広背筋と僧帽筋には十分な負荷がかからなくなってしまいます。また、腕を引くとき、勢いをつけて引かないよう注意してください。

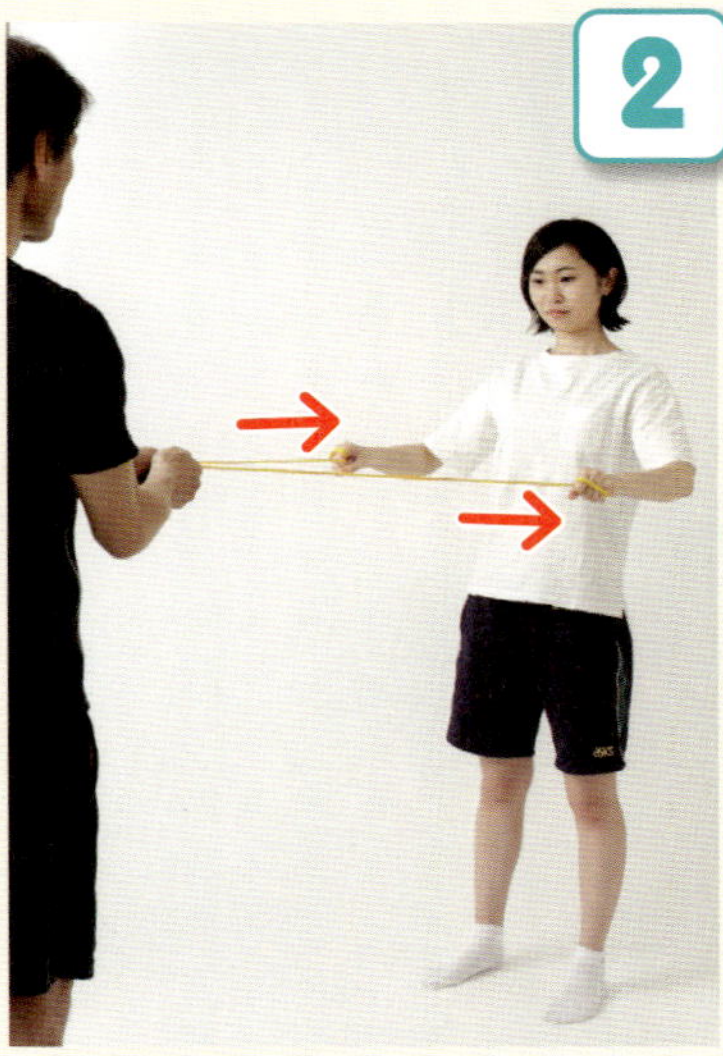

2

肩甲骨を寄せ合うようなイメージでチューブを引き付ける

①の状態から、チューブを引き付けますが、このとき腕だけで引き付けようとするのではなく、左右の肩甲骨を内側に寄せるイメージで、背筋も使って引き付けます。

声かけ例
腕を引きながら肩甲骨を寄せていきましょう

3

可能な限り引き付ける

両腕の肘を背中の中心に向かって引き付けるようなイメージで、可能な限り腕を引き付けます。このときも、肩甲骨を寄せるイメージを持たせておきますが、引き付けたときに、その状態を保持する必要はありません。

声かけ例
可能な限り腕を引いてみましょう

4

ゆっくりと元に戻り、②から④を繰り返す

ゆっくりと①の状態に戻り、②から④の運動を繰り返し行います。

声かけ例
チューブに引っ張られるのではなく、ゆっくり戻しましょう

ポイント! 肘は自然な高さに下げて引き付ける

腕は最初、胸の高さにしておきますが、腕を引き付けていく際は、肘を自然な高さに下げて行います。肘の高さも保持しようとしてしまうと、肩甲骨を十分に寄せることができず、効果的とはなりません。肘は高さではなく、可能な限り後方に引き付ける意識で行うことが重要です。

首（胸鎖乳突筋）の強化

首の筋肉を鍛え、姿勢や肩こりを改善、あるいは予防する

胸鎖乳突筋は耳の下から鎖骨にかけて伸びる筋肉で、頭を動かしたり支えたりするなどで使われています。この筋肉は、衰えると円背（猫背）になったり、肩こりが起こりやすくなるなど、日常生活でもさまざまな影響が出てきます。

特に姿勢が悪い、肩こりの症状がある人などは、この筋肉を鍛え、姿勢の改善や肩こりの予防、改善を図りましょう。

ここではチューブを使い、一人でできる簡単な運動を紹介します。

訓練部位

胸鎖乳突筋

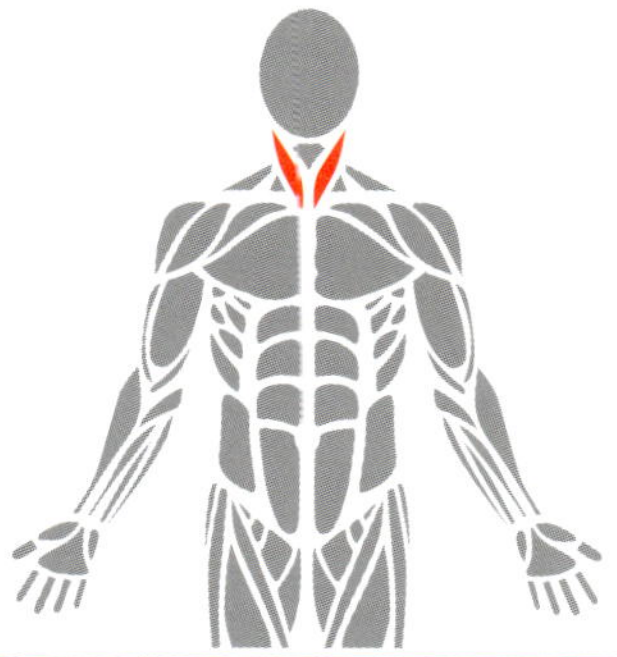

1

チューブを後頭部に掛け、両手を顔の前に出す

チューブを両手で持ち、後頭部に掛けます。そして、両手を顔より前に出して、頭にチューブの負荷をかけていきます。座って実施するよりも、立位姿勢の方が実施しやすいでしょう。

ポイント！　首だけでチューブに抵抗する

たとえば前に出した顔を戻すとき、上体を使って戻そうとしてしまうことがあります。目的は首の筋肉なので、必ず首だけでチューブに抵抗を加えるよう指導してください。また、最初から高い負荷をかける必要はありません。徐々に負荷を高めていきましょう。

※チューブの持ち方はP126『チューブの使い方と種類』参照

頭をゆっくりと前に出す

①の状態から腕は動かさず、頭をゆっくりと前に出していきます。このとき、チューブに引っ張られるのではなく、抵抗に抗いながら前に出していくイメージで行います。

> 声かけ例
> ゆっくり顔を前に出していきましょう

頭をゆっくり元に戻す

②で頭を前に出したら、その状態で保持する必要はありません。ゆっくり頭を元に戻していきます。このときもチューブの負荷を意識しながら、頭を戻します。

> 声かけ例
> 顔をゆっくり戻していきます

②と③を繰り返す

③で頭を元に戻したら、実施者がややきついと感じる回数、②と③を繰り返します。

> 声かけ例
> ややきついと感じる回数、繰り返してみましょう

注意　手や体を動かさない

指導のポイントでも触れましたが、この運動はあくまでも首の筋肉が目的です。チューブを持つ手を動かしたり、上体を使って（動かして）行わないよう、注意してください。

　また、首を前に出すときは、顎を引くのではなく、顔全体を前に出すようにします。戻すときも、首を後方に倒すのではなく、顔全体を元の位置に戻す意識を持つよう指導してください。

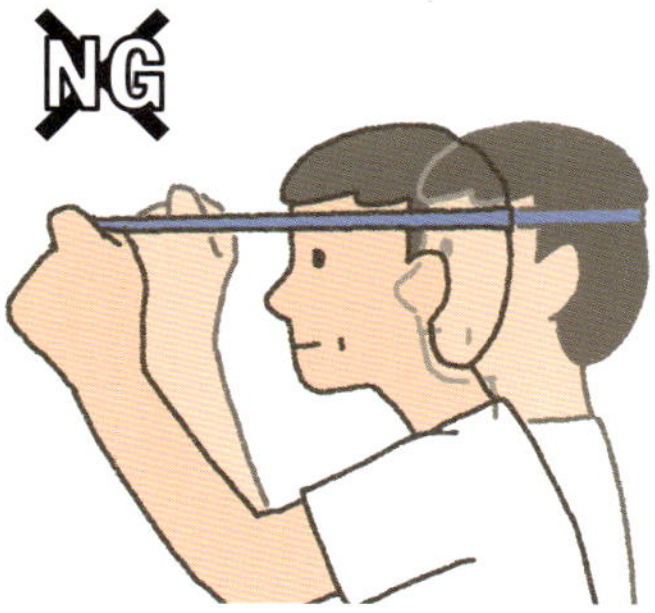

COLUMN

チューブの使い方と種類

4章で使用したチューブには、持ち方や結び方、種類もいくつかあります。ここでは、用途に応じた使用方法と、種類を紹介していきます。

1　チューブの握り方（持ち方）

そのまま持つ

チューブの端を余らせ、そのまま握る方法です。握力が極端に弱くなければ、この持ち方で構いませんが、弱い場合は抜けてしまう可能性もあります。

一重に巻いて持つ方法

そのまま持った状態から、チューブを手に一重に巻いて握る方法です。チューブを巻いているので、握力が弱い場合でも抜けにくくなります。

二重以上に巻いて保つ方法

そのまま持った状態から、チューブを手に二重以上に巻いて握る方法です。一重よりもさらに抜けにくくなります。また、チューブの長さを微調整することも可能です。

2　チューブの結び方

丸結び

本結び、横結びなどと呼ばれることもある、簡単で強度のある結び方です。チューブを結ぶのに適しています。

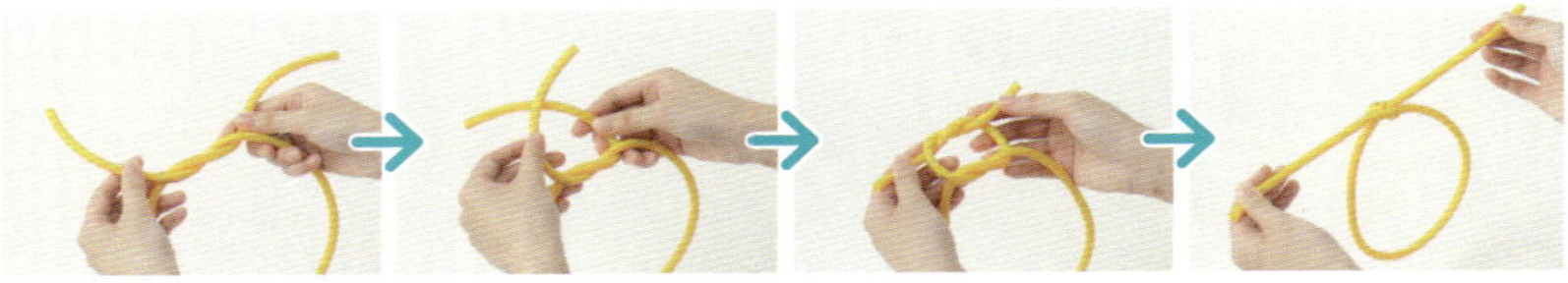

丸結び（二重）

両端をまとめて結んでしまう方法です。こちらの結び方も、チューブを結ぶのに適しています。

蝶々結び

蝶々結びを見かけることもありますが、解けやすいのでチューブを用いた運動の結び方としては適していません。

3　チューブの足への取り付け方

巻き付けてから結ぶ方法

足に巻き付けてから結ぶ方法です。ここでは二重に巻き付けていますが、巻き付ける回数が多くなるほど負荷が増します。結ぶ際は、チューブの一端を下にくぐらせ、まとめるようにしてから結びます。

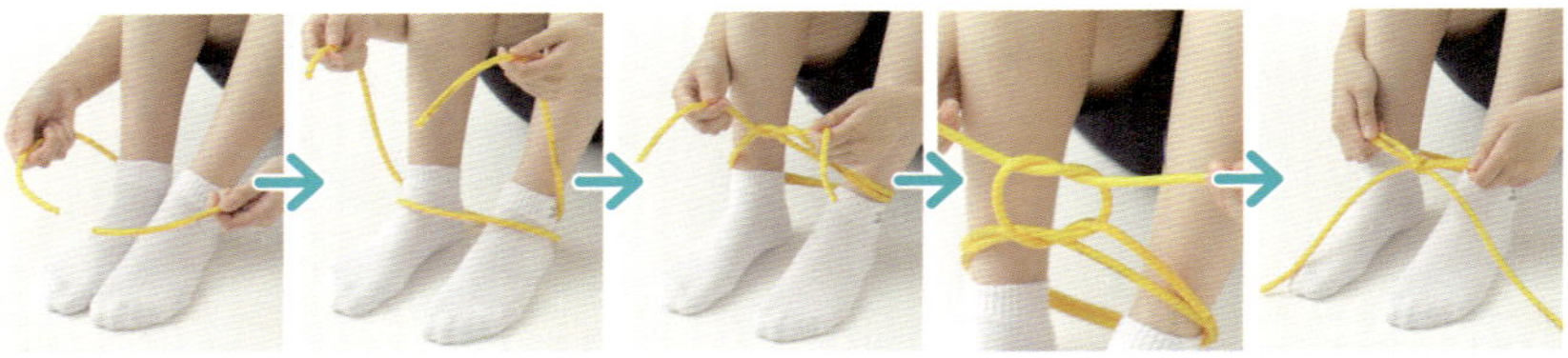

先に結んでからくくり付ける方法

長さを調節して輪を作り、先に結んでから足にくぐらせる方法です。巻き付けてから結ぶ方法同様、輪が多くなるほど負荷が増します。チューブの一端を内側にくぐらせ、まとめてから結びます。

4　チューブの種類

本書内ではチューブ（筒状）を使用していますが、バンド（帯状）もありますので、場合によってはチューブではなく、バンドを使用してもよいでしょう。ちなみに、チューブは3倍の長さまで伸びる仕様になっています。

また、色によって強度（負荷）が変わり、チューブの場合は『黄＜赤＜緑＜青＜黒＜銀』の順（6種類。セラバンドは8種類）になっています。本書では、いちばん強度の弱い黄色いチューブを使用しました。同じ運動でも、色や何重に重ねるか、使用する際の長さなどによって、強度を変えることが可能です。

D＆M セラバンド

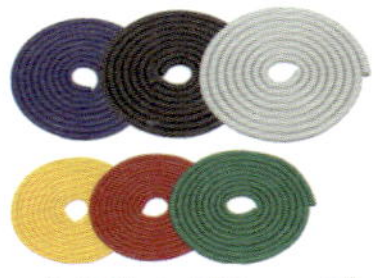

D＆M セラチューブ

写真提供：株式会社D＆M

著者　**中村　容一**（なかむら　よういち）

1964年京都生まれ。同志社大学卒業後、大塚製薬株式会社（現：大塚ホールディングス）にて医薬情報担当者に10年間従事。筑波大学大学院博士課程体育科学研究科修了。博士（体育科学）。同大学院人間総合科学研究科研究員を経て、現在、豊岡短期大学教授。特定非営利活動法人日本介護予防協会理事長・専任講師。社団法人日本ウォーキング協会専任講師を兼務。

著書に「介護予防のためのウォーキング」（黎明書房）、「健康の科学」（金芳堂）、「スポーツ健康科学」（文光堂）、「中高齢者のための運動プログラム（基本編）」、「中高齢者のための運動プログラム（病態別編）」（いずれもNAP）、「健康運動のための支援と実際」（金芳堂）、「介護予防のための体力測定とその評価」（日本介護予防協会編）等。

特定非営利活動法人日本介護予防協会

2005年に特定非営利活動法人として発足し、同時に介護予防指導士（民間資格）の養成を開始。近年におけるフレイル、ロコモティブシンドローム、サルコペニアといった介護に繋がる可能性のある身体状態の予防をねらいとし、また高齢者のQOL（生活の質）向上に必要な栄養や口腔、認知症について、どのような知識と実践が重要であるかを訴求している。
資格保有者数は6000名（令和4年12月現在）を超え、介護福祉士、看護師、理学療法士、作業療法士、運動系指導者等を中心に、その多くが介護予防の現場で活躍している。介護予防指導士養成講習は、介護予防の概論から各論まで、その領域の専門講師による講義および実技で構成されており、対面講習のみならず、インターネット上でのeラーニングでも受講が可能である。

https://www.kaigoyobou.org/

●著者

中村　容一（なかむら　よういち）

1964年京都生まれ。同志社大学卒業後、大塚製薬株式会社（現：大塚ホールディングス）にて医薬情報担当者に10年間従事。筑波大学大学院博士課程体育科学研究科修了。博士（体育科学）。同大学院人間総合科学研究科研究員を経て、現在、豊岡短期大学教授。特定非営利活動法人日本介護予防協会理事長・専任講師。社団法人日本ウォーキング協会専任講師を兼務。

STAFF

●企画・編集
冨沢　淳

●Design & DTP
恵美康博

●写真
武藤奈緒美

●イラスト
いたばしともこ

●モデル
廣田汐海

介護予防に効く「体力別」運動トレーニング　新版
現場で使える実践のポイント

2025年2月25日　　　第1版・第1刷発行

著　者　中村　容一（なかむら　ようういち）
発行者　株式会社メイツユニバーサルコンテンツ
　　　　代表者　大羽　孝志
　　　　〒102-0093 東京都千代田区平河町一丁目1-8
印　刷　シナノ印刷株式会社

© 中村容一 , 冨沢淳 2020,2025.ISBN978-4-7804-2991-6 C2075 Printed in Japan.

ご意見・ご感想はホームページから承っております。
ウェブサイト　https://www.mates-publishing.co.jp/

企画担当：堀明研斗

※本書は2020年発行の『介護予防に効く「体力別」運動トレーニング 現場で使える実践のポイント』を「新版」として発行するにあたり、内容の確認と必要な個所の修正を行ったものです。